信息组织

——新编标引语言和标引方法基础教程

陈志新　编著

东北大学出版社

·沈　阳·

图书在版编目（CIP）数据

信息组织：新编标引语言和标引方法基础教程 / 陈
志新编著. -- 沈阳：东北大学出版社, 2024. 9.
ISBN 978-7-5517-3559-9

Ⅰ. G254

中国国家版本馆 CIP 数据核字第 2024AE7731 号

内容提要

本书从信息组织的产生历史、基本原理、信息资源的内涵、信息系统的构成、信息的形式描述和信息的内容描述以及人工智能与信息组织的关系等角度，探讨信息组织的基本问题，重点介绍元数据、主题法和分类法等信息组织的重要方法，对信息组织的外围因素也予以重点梳理，从宏观角度展望人工智能对图书情报专业建设与图书情报行业工作的影响以及人工智能对信息组织的具体影响。本书可供信息管理相关专业的本科生、研究生使用，也可供从事图书情报相关工作的人员参考使用。

出 版 者：东北大学出版社
　　　　　地址：沈阳市和平区文化路三号巷 11 号
　　　　　邮编：110819
　　　　　电话：024-83683655（总编室）
　　　　　　　　024-83687331（营销部）
　　　　　网址：http://press.neu.edu.cn
印 刷 者：辽宁一诺广告印务有限公司
发 行 者：东北大学出版社
幅面尺寸：170 mm × 240 mm
印　　张：9
字　　数：166 千字
出版时间：2024 年 9 月第 1 版
印刷时间：2024 年 9 月第 1 次印刷
策划编辑：曲　直
责任编辑：汪彤彤　　　　　　　　　封面设计：潘正一
责任校对：周凯丽　　　　　　　　　责任出版：初　茗

ISBN 978-7-5517-3559-9　　　　　　　　　定价：59.00 元

前　言

2010 年 10 月，受"京师青年教师出版资助基金"资助，我在北京师范大学出版社出版了一本专业书。当时，有意把书名写为"信息组织"。但是，北京师范大学本科生信息管理专业教学有一个传统，信息描述单独成课，信息组织课不包含信息描述。书的内容仅为过去十几年教学的总结，不能包括一般意义上的信息组织的所有内涵。于是，书名确定为《标引语言和标引方法基础教程》。

2013 年 9 月，我准备启动一本新教材的编写工作，以便于本科生信息组织方面的专业教学。次年在《图书馆论坛》（2014 年第 9 期）发表《美国图书情报学专业重点高校信息组织领域研究的范围、人员、论文及著作》一文，大致普查一遍美国的基本情况，为此书的编写准备了基本的框架。2014 年 7 月，我转到北京师范大学珠海校区工作，因工作繁忙没能及时开展这项编写工作。

20 世纪 90 年代，我在就职的图书馆里，仅从事过非机器、非网络的信息描述的工作。以后，基本就不关注这个领域了。几十年以来，无论理论方面还是实践方面，我都是持续地工作在不包含信息描述的信息组织领域里。目前，信息组织包含信息描述，已经成为业内共识，为了编写信息组织的图书，只能凭我匮乏的信息描述理论和实践写这部分内容，如此难免隔靴搔痒、甚至出现错讹，敬请读者批评指正。

2018 年 8 月，再次开始编写工作，发现两部新的信息组织方面的著作：*The Organization of Information*（4th edition）（Daniel N. Joudrey，et al，2018）、*The Discipline of Organizing: Informatics Edition*（4th edition）（Robert J. Glushko，2016）。这成为本书的重要参考来源。此外，本书还参考和引用了其他文献，在此一并致谢！

陈志新

2023 年 8 月

目　录

1 历 史

1.1 文明的滋养品

华夏文明，悠久灿烂，举世瞩目。

神州大地是旧邦新命国家，连续绵延数千年至今。

一贯秉持"天下为公"和"人类命运共同体"理念的中华民族，勤劳、勇敢、善良、智慧。

发达而高效的信息组织活动、丰富而睿智的信息组织资料，是支撑辉煌文明、维护国家兴盛和滋养伟大民族的基础。

1.2 重分类，轻编目

中国的信息组织传统，重视内容编目，而不是形式编目，具有"重分类，轻编目"的特点。

王重民先生通过研究甲骨文认为，中国信息组织工作的雏形在殷商时期已经出现。老子做过周朝史官，负责管理图籍；孔子编书删定六经、制定教书育人教材，都属早期的信息组织活动。

汉代刘向、刘歆父子，广览博收，穷尽图书，逐一校雠，增删材料，条别篇章，确定书名和篇名，勘核文字，写成定本，提要钩玄，编写叙录，按照当时的认识，序列分类。书有所属，非"孤魂野鬼"；类有所指，非空而论道。《七略》重点创建了7大类38小类，形成7略38种603家的我国第一部图书分类法，比西方第一部正式的图书分类法《万象图书分类法》足足早了1500多年。

"文献"一词，"文"指文字图书，"献"指智者贤人。史书记录各朝各代人物，也记录各地各时图书。汉代班固转载后来失传的《七略》里面的重要成果，保留了刘向、刘歆父子的辛勤劳动，开创在史志目录里记载当代图籍的先河，成二十四史惯例。

魏晋南北朝时期，西晋荀勖著《中经新簿》，反映史学新特点，改七分为四分，显后代经、史、子、集四部分类端倪。

隋唐时期，魏徵在《隋书·经籍志》中，明确我国经、史、子、集4大类40小类的分类定制。

宋代郑樵主张，通录古今、类例之法优先、泛释无意和互著别裁，发展了汉代以来的信息组织活动。

清代章学诚指出，信息组织的主要产品目录要实现"辨章学术，考镜源流"，应能使读书者"即器以明道"。他的代表作《校雠通义》旨在"宗刘"（继承刘向、刘歆）、"补郑"（弥补郑樵的不足）和"正俗"（纠正时弊）。《四库全书》收纳天下图籍，筛选出近1万种图书，将经、史、子、集传统发扬光大，形成4大类44二级类71三级小类的详细分类系统，手抄7部《四库全书》，分藏全国各地。

中国的信息组织传统，在学术原理上为读者指示门径，沿门径直达经过筛选校订的最佳原始文献，一站式解决人们求知求学的真问题，取得良好效果，畅通从信息需求到信息原文提供的闭合链环。高屋建瓴地在文献整理的基础上梳理知识，一方面，形成从具体到抽象的纵向维度上最长的以分类为主的语义网络；另一方面，形成从此类到彼类的横向维度上最广的以分类为主的语义网络，辅以带有提要（书的内容提要）和类序（类目的含义说明）的分类目录体例，开辟从"图书整理"到"知识整理"的道路，实现集成的、方便的、一体化的信息产品。在老子、孔子的时代，在刘向、刘歆的时代，在隋唐宋元明清，华夏儿女一直且一贯地拥有这种目录学、信息组织、信息编目与信息原文一体并且能够与千年时代俱进的信息产品。

1.3 《尔雅》

《尔雅》（*Literary Expositor*），辞书鼻祖，"十三经"之一，一说初稿成于距今2000多年的战国末期。

"尔"是"近"的意思；"雅"是"正"的意思，帮助人们使用规范的词汇和语言。

《尔雅》按义类编排，疏通包括五经在内的上古文献中出现的词语古文，也是世界上第一部主题词表。

　　原书20篇，现存19篇。前3篇解释字词含义，后16篇相当于百科词典。该书概貌举例如下：

　　尔雅一、释诂：初、哉、首、基、肇、祖、元、胎、俶〔chù〕、落、权舆，始也。

　　尔雅二、释言：告、谒，请也。观、指，示也。

　　尔雅三、释训：穆穆、肃肃，敬也。

　　尔雅四、释亲：男子先生为兄，后生为弟。

　　尔雅五、释宫：室有东西厢曰庙，无东西厢有室曰寝。

　　尔雅六、释器：黄金谓之璗〔dàng〕，其美者谓之镠〔liú〕。白金谓之银，其美者谓之镣。

　　尔雅七、释乐：大瑟谓之洒，大琴谓之离。

　　尔雅八、释天：春为苍天，夏为昊天，秋为旻天，冬为上天。——四时。

　　尔雅九、释地：两河间曰冀州，河南曰豫州，河西曰雍州，汉南曰荆州，江南曰扬州，济河间曰兖州，济东曰徐州，燕曰幽州，齐曰营州。——九州。

　　尔雅十、释丘：左高，咸丘。右高，临丘。前高，旄〔máo〕丘。后高，陵丘。偏高，阿丘。

　　尔雅十一、释山：泰山为东岳，华山为西岳，霍山为南岳，恒山为北岳，嵩山为中岳。

　　尔雅十二、释水：大波为澜，小波为沦，直波为径。

　　尔雅十三、释草：木谓之华，草谓之荣。不荣而实者谓之秀，荣而不实者谓之英。

　　尔雅十四、释木：梊〔sì〕桃，山桃。

　　尔雅十五、释虫：食叶，蟘〔tè〕。食节，贼。食根，蟊〔máo〕。有足谓之虫，无足谓之豸。

　　尔雅十六、释鱼：荣螈，蜥蜴。

　　尔雅十七、释鸟：亢，鸟咙。二足而羽谓之禽，四足而毛谓之兽。

　　尔雅十八、释兽：狒狒，如人，被发，迅走，食人。

　　尔雅十九、释畜：狗四尺为獒〔áo〕。

　　《尔雅》在信息组织上的意义是什么呢？《尔雅》的形成时代，当时存世的图书几百本，或者几千本。这些书甚至不是今天纸质图书一本一本的样子，可能是竹简的一捆一捆，从物质形式上，这些都是讨论人间宇宙事情的书籍，并非在一个库房里存放，甚至散布各处，不能让它们从物质载体上人为地统合一体。然而，不到 2 万字的、单薄的《尔雅》，通过展现同义词、近义词和相关词的办法，形成了系统的、完整的语义网络，进而让使用着这些字词的、离散的一切文献连接并联系起来，好像把书籍虚拟成一个整体，以对应人间宇宙的整体。所以，《尔雅》既是词汇工具书，又是信息组织的工具书。

1.4 《古今图书集成》

《古今图书集成》，是类书规模最大的一种。清康熙四十年（1701）开始编纂，近 2 亿字，是现存中国古代规模最大、资料最丰富的类书。其资料是摘抄自各种图书中的一句、一段、几页乃至整部书。

对收集的资料彻底贯彻类书"以类聚事"原则，全书划分为天、地、人、事、物五大体系，这个分类系统由"汇编""典""部"三级类目构成。首先分列 6 个汇编，分别为历象汇编、方舆汇编、明伦汇编、博物汇编、理学汇编、经济汇编。"历象"，指推历观象，是有关"天"的内容；"方舆"，指地，是有关"地"的内容；"明伦"，意为阐明人与人之间的伦理规范，是有关"人"的内容；"博物"，指各种技艺、方术、动物、植物；"理学"，泛指古代学术思想与著作；"经济"，指经世济民，概括与此有联系的制度、礼仪、事、物。

6 个汇编是对全书内容最为概括的类分。汇编之下分典。历象汇编统摄乾象、岁功、历法、庶征 4 典，方舆汇编统摄坤舆、职方、山川、边裔 4 典，明伦汇编统摄皇极、宫闱、官常、家范、交谊、氏族、人事、闺媛 8 典，博物汇编统摄艺术、神异、禽虫、草木 4 典，理学汇编统摄经籍、学行、文学、字学 4 典，经济汇编统摄选举、铨［quán］衡、食货、礼仪、乐律、戎政、祥刑、考工 8 典。共区分为 32 典。典下又区分为部，32 典共统摄 6109 部。《古今图书集成》规模宏大、层次深入、结构清晰，将自然界和人类社会的万事万物有条不紊地容纳其中，体现了高度的抽象与概括水平，形成了深入的划分与区别能力。

在《古今图书集成》中"部"是最基本、最底层的类目单位，全书所辑录的各种资料都类聚于"部"之下。

以前的类书，对具体子目下聚集的资料，一般只是简单地按照时代先后排列顺序，充其量只对"事"与"文"两类资料略加区分，"事居于前，文列于后"。而《古今图书集成》在编辑每一部辑录的资料时，依然严格地贯彻"分类"的原则，从而使同属一部的资料也能按照内容性质分类集中。部下所辑的资料共区分为10类：

（1）汇考。收录稽考重要事物发展演变的资料。凡有年月可考的大事，事经年纬，依时间为序；无年月可稽的事物，先经史，后子集。

（2）总论。收录历代评述具体事物的资料。选择标准是论述"纯正可行，论得其当"。

（3）图。有关具体事物的图像。

（4）表。有关具体事物的表，但不包括史书中的年月表。

（5）列传。收录各部中出现的名人传记资料。

（6）艺文。收录有关具体事物的诗文歌赋。隋唐以前详，宋以后略。

（7）选句。摘录有关具体事物的丽词偶句。

（8）纪事。收录有关具体事物琐细而有可取之处的资料，以补充汇考。

（9）杂录。收录非专论一事但旁引曲喻偶尔涉及，或因"考究未真"，难入"汇考"，因"议论偏驳"，难入"总论"，因"文辞未工"，难入"艺文"的种种资料，以补充汇考、总论、艺文。

（10）外编。收录诸子百家及佛道典籍中"所记有荒唐难信及寄寓譬托之辞、臆造之说"一类资料。

总之，《古今图书集成》不论是在全书结构的设计上，还是在每部所辑资料的编次方法上，全都彻底地贯彻"分类"的原则，从而将类书"以类聚事"的特点进一步推向深入，这是中国古代类书发展成熟的体现。

《古今图书集成》在信息组织上的意义是什么呢？很多时候，人们并非要系统地读书，并非要把一本书从第一个字读到最后一个字。想向图书要答案、找结论——如果一行字能解决问题，那么这行字就可以了；如果一段文能解决问题，这段文就可以了；如果半本书能描述一个事项，那么这半本书就可以了。《古今图书集成》满足了人们短平快地迅速解决问题的信息检索需求。

1.5　《四库全书总目》

《四库全书总目》，于清乾隆四十六年（1781）汇编成书，是规模最大、最全的丛书。

为完成编辑工作，征集到图书12237种。根据图书的质量、价值，从当时征集的图书中，定其中的3400种为入库著录书，6793种为存目书。

对1万余种收录古籍，撰写内容提要和评论，描述作者简介、历代书目著录情况、成书过程、内容评述、价值评判和常见版本等，为学者研究中国古代社会政治、经济、文化的历史提供了翔实的书目。

为容纳这1万余种古籍，专门编制如下分类法。

经部10类：易类、书类、诗类、礼类（周礼、仪礼、礼记、三礼总义、通礼、杂礼书）、春秋类、孝经类、五经总义类、四书类、乐类、小学类（训诂、字书、韵书）。

史部15类：正史类、编年类、纪事本末类、别史类、杂史类、诏令奏议类（诏令、奏议）、传记类（圣贤、名人、总录、杂录、别录）、史钞类、载记类、时令类、地理类（总志、都会郡县、河渠、边防、山川、古迹、杂记、游记、外纪）、职官类（官制、官箴）、政书类（通制、典礼、邦计、军政、法令、考工）、目录类（经籍、金石）、史评类。

子部14类：儒家类、兵家类、法家类、农家类、医家类、天文算法类（推步、算书）、术数类（数学、占候、相宅相墓、占卜、命书相书、阴阳五行、杂技术）、艺术类（书画、琴谱、篆刻、杂技）、谱录类（器物、食谱、草木鸟兽虫鱼）、杂家类（杂学、杂考、杂说、杂品、杂纂、杂编）、类书类、小说家类（杂事、异闻、琐语）、释家类、道家类。

集部5类：楚辞类、别集类（汉至五代、北宋建隆至靖康、南宋建炎至德祐、金至元、明洪武至崇祯、清朝）、总集类、诗文评类、词曲类（词集、词选、词话、词谱词韵、南北曲）。

《四库全书总目》在信息组织上的意义是什么呢？几千年的文明史，几万种图书需要清理和整理，该摸摸家底，该整理整理了。第一，列一个关于有价值、有意义图书的书单。第二，编一个实用的、科学的分类体系。第三，把一本本挑选出来的图书，放进那个体系里面，以便更好地、更方便地学习和利用。

1.6 《书目答问》

《书目答问》（*Bibliography answered questions*），是清代张之洞撰写的推荐书目，解决学生"应读何书、书以何本为善"的疑问，为学习经史辞章考据诸学指示门径。全书共5卷，收书2200余种。

张之洞《书目答问》介绍买书的门径，他写的《輶［yóu］轩语》一文说明读书门径。得此二书，学子终生受用不尽。

2 原 理

探讨信息组织的基础理论和基本原理，就是为了认清本质、拨云见日，不被风吹草动所干扰，促使信息组织既能融入现实，又能把握长远，在应对时髦的挑战以及满足现实需求的过程中不被时髦所蒙蔽、不被现实所裹挟。

目前，数据科学（data science）和机器学习（machine learning）是与信息组织息息相关的两个最时髦的词。千百年来，类似这种时髦的词以及时髦的科学和时髦的技术层出不穷，我们还是要找寻那个比较稳定的信息组织。数据科学和机器学习不是第一次出现于信息组织领域里的新名词，它们也不会是最后一个新名词。然而，我们的信息组织总要继续。我们探讨基础理论和基本原理，正是要找寻信息组织里存在的那些稳定的、永恒的东西，找到信息组织的本心，而不是跟着时髦的变动东奔西撞、左右摇摆。什么是信息组织的本心和根本呢？分类、主题、元数据以及信息与用户的关系等，才是信息组织的根本问题、永恒问题。探讨信息组织的基础理论和基本原理，也必须根植于信息组织的根本问题和永恒问题。

组织事物（things）、组织信息（information）、组织事物的信息（information about things）、组织信息的信息（information about information），层次繁多，种类无限的信息组织活动，万事归一，背后具有统一的原理。

本章讨论信息组织的基本原理和基础理论，期望对信息组织有一些基础性的认识和基础性的理解，以利于解决信息组织面临的诸多具体问题。

2.1 信息组织的性质和特征

2.1.1 "替代品"是信息组织理论中的历史概念

现实中有一种所谓信息组织。比如，为了识别浩瀚星空，我们将其命名为猎户星座、织女星座、北斗七星、人马座、天蝎座……这些命名不改变天上星星的位置。天上的星星也不知道我们这样给它们命名。天上的星星是信息，星座名称是人类对信息的组织。信息和对信息的组织分置异处，互为分离。这样的信息组织，有助于我们认识、了解和掌握游离于我们之外的信息，我们称其为星座命名方式的信息组织。

星座命名方式的信息组织，用星座名称代替天上的星星，形成天上星星的替代品。

回到现实生活。各行各业源源不断生产并持续流通着各种信息：出版信息归口出版单位，教育信息来自教育界……信息流各有所属，基本不受信息组织行业的管理和控制。很多的信息生产发行机构甚至不知道，还有一个叫图书情报的信息组织机构，正终日殚精竭虑地组织各类信息。

怎么组织不属于我们的信息？我们使用信息组织方法，将各种信息表达为信息组织专业设计和管理的各种符号系统，用以替代原始信息。原始信息虽然不属于我们，但我们加工出来的用以替代原始信息的各种代表符号是属于我们的。属于我们的，我们就可以有效组织和管理。由于信息组织符号与信息原文拥有一一映射的对应关系，因此通过对此端信息组织符号（即替代品）的组织和管理，间接实现了对彼端原始信息的组织和管理。信息的活动与信息组织的活动，好像并行照应、若即若离的两条平行线。

1989年，索顿（Gerard Salton）在出版的 *Automatic Text Processing* 一书中，提出了关于信息组织原理方面的"替代品"（surrogates）概念。

然而，我们回望本书"历史"一章，中国几千年的传统信息组织活动，却不是像上面描述的用"替代品"方式进行的。中国漫长而丰富的信息组织活动，把信息的流动与信息组织的活动统一起来，是相辅相成、不可分离、彼此交织、紧紧相连的。

中国的目录学传统和信息组织传统，在学术原理上为读者指示门径，沿门径直达经过筛选校订的最佳原始文献。在文献整理的基础上进行知识梳理，一方面，形成从具体到抽象的纵向维度上最长的以分类为主的语义网络；另一方面，形成从此类到彼类的横向维度上最广的以分类为主的语义网络。最终实现目录学腾飞。以带有提要和类序的分类目录体例，开辟从"图书整理"到"知识整理"的道路。

总之，中国长时期的信息组织实践，让我们对"替代品"的信息组织原理描述产生怀疑。

今天的信息组织活动又是怎样的呢？

今天，本体、知识网络负责学术原理上的指示门径，集成众多参数指标的搜索引擎算法排序自动展现最好的信息原文，呈现信息编目、信息组织与信息检索三者合流的特征。自动化技术手段复现并拓展了中国古代目录学的优良传统。在互联网、人工智能和大数据的环境下，集成的、方便的、一体化的信息产品正在只争朝夕地建设，满足着人们梦寐以求的复杂信息需求。

现在，信息工作已经走出了图书馆、档案馆、情报所，走出了数据库，走出了局域网。如何在这无垠的信息海洋中发现信息、整合信息、重组信息，建立信息与知识之间和信息与用户之间的联系，使之都纳入一个巨大的有序系统，跨越各种障碍实现最大限度的共享和互操作，实现高精度的检索，成为信息组织的重要任务。老子、孔子、刘向、刘歆等无数古代中国人，曾经皓首穷经、孜孜以求，选定好本，校订完美，编写提要，做出叙录，揭示学问门径，用个人的智慧和力量指示后人以学习之路、学习之法，奉献后人以最好的信息完整的原文文本。新技术条件下，可以用机器生成各领域可视化的、本体化的知识揭示之图，可以像搜索引擎那样通过算法把最好的信息首先推荐给用户。由于大学问家的人数有限、精力有限，他们毕其一生，仅能就那些重要的和重大的学科门类展开这种知识揭示和信息提供工作。古代完全靠大学问家才能做的诸如校勘并选定最佳文献原文的事情，现在机器和算法可以日日夜夜地在各个领域一刻不息地为我们做这样的加工和推送工作。

搜索引擎化的编目，编目化的搜索引擎，信息组织化的编目，编目化的信息组织，你中有我，我中有你，你我不分。显示我们的工作，淡化信息描述、信息组织、信息检索、信息咨询与服务的界限；显示我们的工作环节，融合用户调研、采访、编目、流通、外借与典藏；显示我们的信息工作类型，混合书本、文稿、电子的、网络的、音乐、缩微等各种载体形式。信息管理的新特点和新趋势日益呈现。

如此看来，当下的信息活动与信息组织活动是并行扭结传动的关系，而不是并行隔离映射的关系。

所以，替代品的概念发挥了一定的历史作用，只适用于一段特定时间，即近现代信息组织的阶段。这个概念既不符合中国数千年的信息组织历史事实，又难以描述现今和未来在大数据和人工智能环境下的信息组织实践。

2.1.2 信息组织具有公益的属性，是公共服务部门

信息不是一种竞争性的产品，钱多不会多得信息，钱少不会少得信息。信息的知晓权、传播权被当作一种普遍的人权，不以竞争的方式加以分配。

广播、电视、互联网、图书馆、博物馆都具有公益性，几乎不需要消耗太多的钱财，人们就可以平等获得这些机构提供的信息。图书馆等机构的主要活动是信息组织，所以信息组织也同样具有公益性。信息组织虽然需要国家和社会大量投入，但基本不向最终用户索取相应的服务费用。

信息组织拥有公益、平等、客观的属性，当信息组织的使命完成之后，信息组织机构既不从信息用户身上获得一次性的直接收益，也不从信息用户身上谋求第二次的间接利益，进而信息组织不以收益的方式分配各种信息。同时，信息资源异于物质资源，其赋给不同的人或人群，不会直接促使某些人或人群变为成功者和受益人，相应地，也不会使另一些人或人群变为失败者和受损人。

在使用商业类搜索引擎的过程中，用户被搜索引擎自动抓取到其兴趣和倾向，可能会被反向推荐广告信息，进而使搜索引擎在用户检索信息的过程中及时获利。虽然这种情况已经脱离信息组织的领地，但也有些颠覆信息组织的公益、平等、客观的属性，可能应该用行为经济学（behavioral economics）去理解和解释。

信息组织是信息检索的前提和基础，信息组织的方式深刻地影响信息检索的效果。然而，信息组织的主体不是盈利的，不是以利益为主要驱动因素的。信息检索的效果并不直接影响信息组织的效益。也就是说，从行为次序上，信息组织者与信息用户紧密相连，但是从经济效益上，信息组织者与信息用户脱节脱离，二者之间不是一个连续的相互直接作用的闭环。这就要求信息组织者格外注意信息组织方式的适用性和有效性的问题，不能在信息生命周期上游的位置只顾自娱自乐。如果没有经济利益驱动让信息组织者接地气，那么就要让信息组织者自动养成自觉主动地接地气、自觉主动地了解信息用户需求的职业习惯。

如同教育、医疗、科技、文化事业一样，我们的信息组织事业也具有公益性、非直接经济反馈性的特点，整个信息管理事业由国家文化部门管理，从国家行政机构隶属上，归口2018年成立的文化和旅游部公共服务司管理。那么，具有公益属性，属于公共服务部门，就是信息组织的基本定位。

2.1.3　信息组织的多样性和有限性

首先，信息组织是多样的。

不是所有的信息都需要组织，事实上，没有被纳入信息组织系统的信息远远多于已经被组织的信息。同时，不是所有被组织的信息都采用相同的信息组织方式。

信息之海，汪洋无边；信息之土，广袤无垠。信息组织者要能站在巨浪之上、高山之巅，俯仰一切，让一切了然于胸。信息组织者还要畅游大海，耕耘大地，拿回珠宝果实，予以重点整理加工。因此，信息组织需要面向两类信息，一类是包罗万象的一切信息，一类是经过筛选的精粹信息。

被纳入信息组织重点范畴的信息，因其自身及使用者的特点，不是所有的信息都使用相同的信息组织方法，目录、文摘、题录、分类、主题、关键词、元数据描述等信息组织方法，对不同信息不会不加分别地采用。

其次，信息组织是有限的。

可以记录一个信息如何诞生、如何发展，可以记录信息的使用者和相应的使用效果，只要放弃隐私的概念，可以把使用这个信息的所有用户的信息与这个信息捆绑在一起，进而形成一个长长的与某一信息相关的清单，甚至能够做到，一个信息的记录信息，超过信息本身。有时，也许不知道这样做有什么意义，但是万一未来产生这方面的信息需求，那时就不会被困于缺乏历史记录的窘境。虽然对信息的记录越详细越好、越丰富越好，但是这种信息组织也要设定一个适当的界限，不能无限化膨胀。

2.1.4　信息组织的聚与散

把相同的信息放在一起，把相似的信息放在邻近的位置上，是信息组织的根本做法。然而，聚在一起的信息，还要按照信息组织的原则进一步地拆分，形成独立的唯一标识，以便用户使用和查询。

信息组织的过程，就是对信息赋予信息组织标识的过程。让信息聚在一起，是为了对信息进行统一地拆分，这样会更加方便，节省拆分信息的时间和消耗。拆分出来的信息灵活机动，便于实现各种组合，从而聚合起来实现各种现实特定目标。

信息组织的聚是为了更好地散，信息组织的散是为了更好地聚。

2.1.5　信息组织助力提高全社会信息流通的效率

信息管理行业花费了很多时间等成本组织信息，节省了无数人寻找和发现信息的时间，节省的整个社会用于信息查询的时间之和将远远大于信息管理行业花费在信息组织上面的时间。这样，信息组织活动提升了整个社会的信息流通效率，进而实现了信息组织的社会意义和专业价值。

2.1.6　图书情报和档案管理专业信息组织的独特魅力

信息组织的目的是信息利用。信息组织虽然也履行信息保存的职能，但保存的最终目的还是信息利用。

信息利用是信息组织的唯一目的。然而，抛开信息组织机构的努力，难道信息的生产、发布、流通机构，其目的不是信息的被利用吗？

当然也是渴望被利用的。各行各业，百家争鸣，信息既然诞生，就致力于钻进人们的心中，就盼望着成为社会的共识。

那图书情报和档案管理专业信息组织的独特魅力和独有价值是什么？图书情报和档案管理专业的信息组织致力于将各种信息变为一个系统的、统一的、整体的信息。

信息与所有人休戚相关、荣辱与共。信息组织致力于建设人类信息共同体，让所有人公允地获得信息，让所有人获得最优的信息，让所有人获得更多的信息，让所有人更快捷方便地获得信息，让所有人获得信息的代价更加低廉，让一切信息发挥最佳的效益和价值，最终实现人、技术、社会与信息的和谐相处，精神、物质、信息三大世界融洽和谐。

这是图书情报和档案管理专业的特定工作范围和工作职能。这是非图书情报和档案管理专业不想做也没能力做的一项伟大的工作。这个神圣责任和重大使命，一定也只能由图书情报和档案管理专业来承担。

2.2　信息组织的一般规律

2.2.1　信息组织结果与信息原文关系的三种表现形式

信息组织何为起点，何为终点？信息组织可以从信息诞生的那一刻同步开始，与信息的生产、保存、利用等发生、发展活动相伴相随，信息组织的内容经常与信息本身捆绑在一起。信息组织可以随信息的终结而同亡，还可以超越信息的本身而永存。

具体而言，信息组织的结果与原始信息之间存在三种关系：

第一种，信息组织的结果与原始信息紧紧相依、不可分离。比如，著者写完了书，总要形成一个目录大纲。这本书与该书的目录不可分离。再比如，图书的在版编目数据、一个网络数据的元数据信息等，都是信息与信息组织的结果，紧紧相随、寸步不离。

第二种，信息组织的结果与原始信息，你不认识我，我不认识你。比如，星座命名、银河系的称谓等。再比如，信息生产与信息组织分离的诸多场景，生产信息的人自己都不知道该信息将被哪个信息系统收集和组织。

第三种，信息组织的结果与原始信息是若即若离的关系。我们所言的信息组织作为一种信息管理活动具有中介性、二传手和服务型行业的特点，主要指这种关系。

找准定位，十分必要。区分信息组织结果与信息原文的关系，有助于从宏观角度明确这种组织活动究竟是哪种类型的，以及相应地应该如何去组织。

2.2.2 信息组织的六个角度

第一，揭示信息的整体和宏观。盲人摸象，永远糊涂。先知整体，再探细节，在总体中把握细节，是一般的认识规律。组织和查询信息也是如此。信息组织的首要任务，就应该是揭示信息的一般和整体，提供某种具体信息的全部种类和全部形态，让用户了解所需信息的全貌特征。同时，提供古今中外、天南地北各级各类信息的完整图景，是履行信息组织职能的必然做法。

第二，揭示信息的具体和微观。缺乏具体的整体，没有微观的宏观，既无意义又不可能。由一般到具体、由宏观到微观的长长的逻辑链条，也是各级各类信息按照逻辑排列的长长的信息集合。信息的整体和宏观，是信息组织的着力点；信息的具体和微观，是信息组织的落脚点。

第三，让信息成为集合。源于某一系统的某一类信息，是成体系的、有序的；而众多来源不一、目的不同的信息之间，是离散的、无序的。自然界与人类社会是普遍联系的，要求所有的信息也应该是普遍联系的、一体的。整合一切信息，聚合一切信息，让信息系统化、集合化，是信息组织的工作核心，更是信息组织的工作目标。

第四，让信息符合标准。这是履行"揭示信息的整体和宏观、揭示信息的具体和微观、让信息成为集合"等上述三项信息组织工作内容的必要手段。制定信息组织的标准，按照信息组织的标准组织一切信息，是信息组织工作的重要方式和全部内容。

第五，提供能够识别某一具体信息的要素信息。信息用户，凭借少量的信息片段，拿到全部的信息原文；凭借模糊的信息线索，获得准确的信息出处；凭借局部的信息语义，获得完整的系统信息……要求信息组织者对信息的片段、线索、语义一一登记，杜绝跑冒滴漏，给信息拴上尽可能多的抓手，以方便用户检索。

第六，提供能够接近信息的位置信息。无论是实物信息还是电子资源，均需提供其物理地址，使该信息能够被获取。

2.2.3 信息组织的三个原则及其多维关系

信息组织的三个原则是：文献保证原则、用户保证原则、与设备条件相适应原则。信息组织要具有文献特点，满足用户需求，适应技术设备条件的变化。在充分考虑文献、用户和技术设备条件三方面情况的基础上，有效地开展信息组织活动。

三原则可以组合成多维度的关系：文献与文献、用户与用户、文献与设备、用户与设备、设备与设备、文献与用户。

（1）文献与文献：建立文献之间的连接关系，让文献信息形成一个系统的整体，让文献信息活起来、动起来，让文献信息反过来适应用户、技术设备条件的变化和需求。

（2）用户与用户：实物信息资源逐渐让位于电子信息资源，用户与用户在信息组织系统中，不是竞争关系，不是零和游戏的关系，甲用户获得某一信息，不影响乙用户照样获得这一信息。用户在使用某一信息的当下就可以同步帮助使用同一信息的其他用户。用户使用信息，形成各级各类信息的标签，成为给其他用户提供优质信息服务的基础和保证。让用户也建立起连接关系，让用户的知识、技能和经验乃至情感、意识、思想贯通并流通起来。信息组织不再局限于对信息的组织，对用户进行组织也是信息组织有机而重要的内容。

（3）文献与设备：文献总要借助一定的技术设备手段来搜集、保存、加工、处理，也要组织协调好文献与设备作为物质要素的关系，共同地做好信息组织的基础性物质保障工作。

（4）用户与设备：技术设备要为人服务，人与设备要协调一致。

（5）设备与设备：主要指各种物质技术手段必须具有继承性和延展性，各种技术指标和标准要考虑多种设备的适应性和兼容性。

（6）文献与用户：建立文献与用户的链接关系，让文献为用户所用，让用户找到准确的文献，是信息组织的核心任务。

下面我们排除技术设备因素，着重分析用户与信息的关系问题，即用户与信息的耦合关系、耦合形式和匹配关系问题。

以往认为，信息组织的主要领域是信息，除此之外，要用一些次要的精力来组织、规范和培训用户。用户教育也是信息组织的一个组成部分。这样，好像用户与信息是各自独立的。

虽然信息是物，用户是人，但是用户与信息不是割裂的。用户天然地要依赖、寻找和生产信息，信息就是为人而产生、存在的。用户和信息本来就是一体的，完全因为人的局限性，完全因为信息的局限性，他们的结合存在问题、需要帮助。所以，为了处理好信息与用户的耦合关系，图书情报专业里提出一句口号：把合适的信息在合适的时间给合适的用户。这成为信息组织的重要目标。

用户与信息是一体的，用户与用户之间、信息与信息之间本是同根生，更加具有一体的性质。所以，信息组织工作，除了要建立用户与信息之间的耦合匹配关系，也要建立用户与用户的耦合匹配关系及信息与信息的耦合匹配关系。除了建立用户与信息的连接关系，更要建立用户与用户的连接关系，以及信息与信息的连接关系。

过去，把信息资源摆放在一座大楼里，图书馆是集中建立信息与信息连接的地方。如今，办一些沙龙讲座，开一些研究间、讨论空间，就是改变那种单纯信息集合场所的图书馆固有刻板形象，拓展用户与用户的连接关系。同时，注意分享用户在使用信息过程中的留痕记录，让用户的智慧保留并流传开来，也是建立用户之间关联的好办法。至于信息与信息的连接，在新技术条件下，与传统信息环境相比已经加深和加强了很多。

如此认识信息组织，才会更加丰富、更加生动、更加真实。实践和理论说明，信息组织和信息检索原来独立分离的局面（信息组织管信息，信息检索管用户，信息与用户是两门课程、两件事情）该终止了。随着技术的进步，信息组织与信息检索是合起来的、一体的关系。

随之深入，信息、用户、技术设备等因素之间，也将逐渐形成广泛一体的耦合关系。这必然是信息组织的未来图景。

2.2.4　信息组织的两种形式：内涵式、外延式

信息管理专业有一个传统而经典的说法，即把信息组织分为两种。一种是面向内容的信息组织，比如一本书，主要关注这本书是讲数学的还是讲物理的；而不考虑这本数学书是古代的还是现代的，是著作还是期刊，是一篇文章还是一个网页。另一种是面向形式的信息组织，比如一本书，主要关注其高度是多少厘米，是中文的还是英文的，哪个作者写的，哪个出版社出版的，什么时间出版的；而不太关心这本书是关于经济的还是关于政治的，是关于计算机的还是关于通信业的。

上述两种区分也就是分类法、主题法与信息描述的区别。一般认为，分类法和主题法主要面向信息的内容，而不太注意信息的形式；信息描述更多关注信息的形式，而不太注意信息的内容。

从哲学上讲，内容与形式并非严格区分，而是具有联系的，所以上述二元划分肯定存在问题。比如，图片的文献（形式特征）基本不会是讲数学的（内容特征），线装书（形式特征）大概率不是讨论现代物理问题的（内容特征）。

于是，那种传统而经典的区分逐渐淡化，分类法、主题法和信息描述逐渐被包含在信息组织的内部。即今日的信息组织，包括过去的分类法、主题法，以及信息描述。

这样，信息组织的内涵就丰富起来了。这个信息是讲伦理学的还是讲哲学的，是书籍还是期刊论文，是电子的还是印刷的，它的读者对象、开本、价格、ISBN 号、收藏单位、出版社、出版时间、网络地址、文件大小等，均一一仔细记录，为该信息完整画像，事无巨细，应有尽有。

随着原来不属于信息组织的信息形式特征的描述被划入信息组织的内涵里，信息组织的内涵已经足够大了。

然而，事情总是发展变化的。因为，即使是上述扩大化了的信息组织，还是局限于内涵式的信息组织。这个信息，被哪些用户使用？是男用户还是女用户？多大的年龄？一共被使用了多长时间？在什么时间和地点使用？使用的频率是多少？如此这些，原有的信息组织模式无法反映、不能记录、束手无策。

在大数据的技术条件下，信息处处留痕。顺应时代发展，我们的信息组织发展出外延式信息的一系列组织办法，详细、持续记录一个信息进入流通和使用环节之后的情况。其记录的内容，甚至可以发展到无穷的地步。当然，一些

信息不被使用，某个没有使用记录的信息，也会随同原始信息被记载在案。

原来，我们的信息组织，是组织信息自身的，我们不去组织信息用户的使用信息，以及信息进入检索和利用环节之后的变动信息和影响信息等反映、反馈类的信息。如今，这一块内容成为信息组织的新领地。外延式的信息组织与内涵式的信息组织一起，同样成为信息组织的必要组成部分。

总之，从前认为信息组织存在终点，把信息组织完了，交给用户，信息组织便大功告成。如今，信息组织是信息的全流程组织，使用和利用的数据源源不断地增加到信息组织的工作流程之中，使得信息组织活动与信息自身的全生命周期相伴相随。

如此看来，传统的专业标引员、大众用户和人工智能程序，都是信息组织者的有机组成要素。

2.2.5　信息组织的一维指标：时间

分类法是信息组织的重要方法，它以多维的方式展开类目，将信息装进井然有序的体系中。

主题法是信息组织的另一种重要方法，一个信息只以一个叙词表达，叙词以音序顺序排列，进而对应地排列被组织的信息。这种情况下，主题法的信息组织是一维的。然而，几乎任何信息都不以一个叙词表达，多个叙词表达一个信息是主题法的常态，使得主题法的信息组织方式也是多维的。

信息描述的方法，比如编目格式、机读目录、元数据，以及资源描述和检索（RDA）都是信息资源的容器和框架，填塞不同的内容，将表达不同的信息。任何信息描述方式都是多角度、多维的。

但是，如果换以时间的属性，作为信息组织的唯一依据，局面会大不相同。一切信息在时间的一维表示之下，展现一维的排列特征，井然有序。所以，时间是唯一能够进行一维信息组织的指标。

2.3　信息组织的局部方面

2.3.1　信息管理领域中信息组织的技术性最强

想一想数千人数十年编成的分类法，看一看几卷十几卷的主题词表，在整个信息管理领域，信息组织工作涉及的标准、规则、条例、协议和工具最多，信息组织工作的技术性也最强。

从《英美编目条例》（AACR）、《国际标准书目著录》（ISBD）、各种元数据格式（metadata）到书目记录的功能需求（FRBR）、资源描述和检索（RDA），从标准通用标记语言（SGML）、超文本标记语言（HTML）到可扩展标记语言（XML），从世界各国鸿篇巨著的分类法、主题词表到各领域本体，无不体现信息组织领域的博大精深。

信息组织是整个信息管理专业的灵魂，是整个信息管理的核心，重点、难点都在这里。

2.3.2　要根据信息组织的性质来定义信息组织的产品哲学

信息组织的性质也是信息组织的社会职能定位的问题。我们不是信息生产者，不是信息的所有者，我们是中转站的角色，我们是记录员的角色。服务性、中介性是信息管理学科的定位和基本点。信息组织从属于信息管理，信息组织必然具有服务性和中介性。

认清信息组织产品具有服务性和中介性，才能建设好信息组织产品（包括商业性的信息组织和信息检索产品）。

2019年5月，中国互联网三巨头腾讯、阿里巴巴和百度（即人们通常所说的 BAT）相继发布业绩报告。面对旗鼓相当的阿里巴巴和腾讯，百度的市值仅为阿里巴巴或腾讯的十分之一多一些。

百度的搜索引擎正面临一个结构性的问题——超级 App 抢走了太多的用户、内容和时间。无论是腾讯的微信还是阿里巴巴的淘宝，都似乎在将百度的搜索引擎体系排除在外。更多的内容正进入社交媒体平台，这是百度搜索无法捕捉到的领地。

百度的网络搜索业务亏损，用户数下降。百度把别人的信息拿来后做成自己的内容，然后用户搜索百度，依然停留在百度这里，百度自己在建独立王国，虽然一时辉煌，但后患无穷。腾讯、阿里巴巴等隔离百度实属必然。所以，产品哲学没掌握好，信息管理、信息组织的基础理论没领会好，越往前走，越往深行，越出问题。

百度的产品哲学出了什么问题呢？第一，百度要当信息原文制造者。恰恰事与愿违，你要当信息生产者，真正的信息生产者就会离你而去，进而信息用户也必将离你而去。第二，广告左右搜索结果，百度要塑造信息路径。同样事与愿违，你越是阻挡正确的信息，正确的信息就越不需要你的过滤和推送。

百度搜索引擎产品建设思路的漏洞表现诸多。几乎所有的搜索结果里面，百度百科、百度知道一定在首页。然而，百科、知道、知识这类产品与搜索引擎的基本精神是背道而驰的。搜索引擎的基本精神应该是做中介者、摆渡人，甘当通道，而百度百科、百度知道这类产品把搜索引擎做成了终点和结果。这类产品越精彩，知识的原始提供者就会因没人光顾而越感悲哀，那么，搜索引擎则变成原始信息提供者的敌人和竞争者，这不是一个好产品的生态系统。

不是不可以做这类产品，但不要把这类产品置于很优先的位置。什么应该摆在搜索引擎优先级比较高的位置呢？图书情报领域，还有计算机领域，有一个共同的名词：元数据框架。这类产品应该摆在优先级高的位置。至少做两种元数据框架。一种像个人的应聘履历表一样，如姓名、性别、年龄等，把这个搜索词对应的知识，建立起这张履历表，并在比较优先的位置展示出来。另一种是概要描述重点知识图景的元数据框架，搜索引擎可以帮助整合出这个图景的框架，但是不能扔掉原汁原味的原创信息的网址和外观。因为追根溯源是人对信息的普遍需求，人们对百度百科一类的二手知识的信任是小于原始信息的。

总之，百度产品在产品原则和产品生态方面存在这样一个不足，即搜索结果只有两类：一类是一条一条带有网址的指向原始信息的搜索结果，这里的问题是缺少整合；另一类是百度百科、知道等已经形成了终点答案知识信息的搜索结果，这里的问题是整合过度。既缺位又越位的产品，是难以为继的。

2.3.3　信息系统是信息组织的承载者和表达者

信息组织为信息增添顺序和结构，具备顺序和结构的信息，便称为信息系统。所以，信息组织，就是信息系统的建立、维护和使用。

信息按照什么标准组织？是按照信息内容、学科等内部特征，还是按照信息的功能、作用等外在特性组织？有的信息系统按照信息的多种特征予以多角度组织，有的信息系统偏向某一种或几种特征进行组织，使得不同的信息组织系统呈现不同的功能和特征。

这样，信息系统就是方法、内容、结构与功能的聚合体，信息系统是信息组织的承载者和表达者。

2.3.4　信息组织帮助用户使用信息的两个渠道

第一，采集收录。对于当下的信息、即时的信息，人们拥有众多的渠道、无数的办法去获得。然而，从长期历史维度来看，浩繁的信息，形式多样，逐渐沉寂，难以与用户直接见面。不被信息组织系统收录和记载的信息，将逐渐从人类知识信息系统的统一体中剥离出去，该信息终将退出信息交流的舞台。信息组织活动如同产品的广告，提醒人们不要忘记它，刺激人们使用它。

第二，加工整理。古今中外，信息如此之多，如果直接与用户见面，必然让用户感觉望洋兴叹、淹没其间、无所适从。经过对信息实施有效组织之后，缩小了信息的体积，排列了信息的次序，用户得以方便识别和筛选出恰当的信息，从而能够找到更加切合实际需求的信息原文。

2.3.5　用户需求驱动的信息组织

巧妇难为无米之炊，手头得先有信息，然后才能组织，之后才能应用。所以，一种观念认为，堆积如山、浩瀚如海的信息是驱动信息组织的动力源泉。

如今，信息组织与信息检索的边界逐渐模糊，信息组织与信息检索再也不是有着明确先后的线性次序关系。在用户信息需求的驱动下，后发地找寻、调配、重组、加工各种信息。可以信息需求在先，信息组织随后。满足了该次信息需求的结果，成为信息组织的重要素材，便于更好地服务下一次信息需求。

以信息需求为主要驱动力的思路，促使信息组织工具更多地汇集信息，暂时无须"认真"组织，出现需求，再"好好"组织。分类法工具包含先组和后组的概念，主题法工具包含顺排档和倒排档的概念。那么，用户需求驱动类型的信息组织，便属于后组的、倒排的类型。

2.3.6　信息组织主体从专业人员向普通用户迁移

专业人员和专业工具永远是信息组织的主力军，在此前提下，重视终端普通用户及各类数据处理工具的独特作用，便于完善信息组织的各方面工作。

链接关系反映网页和网站、网页和网页之间的联系，它并不能揭示信息与信息之间的一切关系，尤其是很多隐性的相关关系并不能通过链接来表达。链接关系并不能满足用户全部的信息发现需求，也并不是信息发现的唯一方式。

信息组织的本质是对信息予以连接、建立信息之间的联系。而信息连接、联系的形式多种多样，不是唯有搜索引擎主要使用的链接关系一种。

社交策展（social content curation）是传统图书编著工作的网络延伸。一本书的著作方式是"编著"，编著者做的工作就是收集大量资讯，然后按照一个自我拟定的框架来梳理和汇集这些资讯。网络世界的社交策展相比传统图书编著者，仅内容单薄些或者没那么系统而已。

社交策展是一种典型的以用户为核心的信息连接方式。社交策展是发现、收集、组织和分享在线内容的过程，它是人们赋予信息"定性判断"的过程，从而增加了人们搜集、组织所得信息的价值。

搜索引擎擅长满足用户的显性需求，社交策展擅长满足用户的隐性需求。社交策展带来了新的信息发现方式，密切人与人之间的关系、人与内容之间的关系，是对搜索引擎信息发现方式的弥补和延伸。

在真实世界里，从博物馆到零售店，从成人到儿童，对各类实物的搜集和整理从未停止。如同网络门户、邮箱和日志一样，社交策展是人类基本行为转移到网络上的又一例证。在互联网的数字世界里，社交策展就是真实世界搜集和整理行为在网络上的延续。

如此，普通用户也成了信息的组织者。一部分用户成为另一部分用户的用户，用户之间不停地循环，进而成为互帮互学、互惠互利的有机体。这种广泛而深入的互动，被专业的及行业的信息组织者认识、重视，并逐渐纳入信息组织系统之中。

除社交策展方式之外，信息组织主体从专业人员迁移到终端用户还有另外一个表现。过去一般认为，用户仅能作为使用者，个人无力承担信息组织活动，信息组织归功于信息机构和信息系统。但是如今，以各种个人信息管理系统为代表，用户可以主宰信息组织工具，实现个人对自我信息乃至社会信息的管理和组织。

2.3.7　数字信息对信息组织的影响

实物组织，比如博物馆的展品具有唯一性，又如图书馆书架上的图书可以存在复本但是数量有限，这些具有唯一性和数量有限性的信息，其存放地点也具有唯一性和有限性，不能既在这里，又在那里。数字信息却截然不同，几乎可以无成本复制和存放，与实物信息相比，数字资源具有无限性。

很多信息组织理论，来源于实物信息的情况，认为信息是有限的，某一信息既然在这里，就不能又在那里，所以，究竟把信息组织在什么位置，就要好好斟酌和权衡。现在，数字信息占据压倒性的优势，其无限性使得过去信息组织的很多斟酌和权衡失去了存在的意义。这种背景下的信息组织，不以稀缺性为原则建立信息组织的标准，不会考虑信息用途最大化的处置原则，更强调信息的相关程度和与用途的匹配程度，在满足传统的信息用途最大化的基础上，还能充分满足对信息的最小化的、最个性化的需求。

在现代出版发行业无限发展的情况下，在数字信息无限爆发的背景下，一种相同的信息可能会以繁杂、丰富而多样的形式展现出来。依据相同的信息要放在一起并建立联系的信息组织基本原则，我们应如何应对？书目记录的功能需求（functional requirements for bibliographic records，FRBR）试图解决这个问题。相同的信息，统一命名为作品（work）；对于相同的信息内容，一种是视频的，一种是文字书本的，一种是电子的，一种是手抄的，这种表现方式跨度大的形式称为内容表达（expressions）；专门针对印刷方式的不同内容表达，称为载体表现（manifestations）；笼统而言，凡是物质载体上不一样的相同信息，分别称其为单件（item）。书目记录的功能需求（FRBR）的一系列做法，实现了信息组织多样性和统一性的有机协调。

2.3.8 大数据对信息组织的影响

信息链及信息生命周期理论观点认为，从数据到信息、从信息到知识、从知识到情报（解决方案）的转化过程与诸多环节中，总要遵循收集、整理、组织、存储、检索、利用的工作流程，信息组织是承上启下的重要环节，在完整的工作流程中发挥了至关重要的作用。

然而，在大数据环境下的某些场景中，数据经过挖掘可以直接生成情报（解决方案），在不经过组织的情况下直接服务于决策。比如，在流式计算中，由于无法确定数据的到来时刻和到来顺序，也无法将全部数据存储起来，因此不再进行流式数据的存储，而是当流动的数据到来后在内存中直接进行数据的实时计算，数据的收集、整理、组织、存储、检索与利用需要在极短的时间内实时并发进行。同时，某些大数据在一定程度上强调实时性，很多数据还没有被存储和组织，就已经失去效用。在这种情况下，信息组织的作用也很难显性化，再加上大数据时代人们在思想上对数据挖掘和分析的重视与推崇，信息组织在从数据到解决方案这个过程中的作用往往被隐藏或忽略。

这样，因为大数据环境下的信息组织的方式表现了一定的错乱性，所以信息组织在大数据环境下的作用及表现，是信息管理专业正在积极探讨的一个重要问题。

信息组织虽然以实干和操作为主，但实践无不包含理论和原理。本章内容不甚系统地罗列了一些关于信息组织原理和理论方面的问题，期望借此把信息组织的实践工作做得更周到、更好。

3 信息资源

信息被情景化，信息变成知识，信息变成资源；知识被人信服，资源被人利用，知识变成智慧，资源变成力量。

信息的含义更广泛，信息资源是信息的组成部分。

3.1 信息资源的呈现

3.1.1 不同类型的信息资源

按照信息资源反映的内容，可以将信息划分为不同类型。从学科分类的角度，一个信息资源可以是自然科学方面的、技术科学方面的、社会人文科学方面的，也可以是综合性学科、交叉性学科方面的。按照大的类型，将不同的信息资源归类之后，还可以继续按照更加详细的子类，将某一类型的信息资源归入更具体、更详细的学科类别位置。

不同类型的信息资源与信息的不同作用息息相关，这个信息是关于经济的还是关于政治的，是关于体育的还是关于文学的，信息属于不同的类型，同时揭示了信息的不同用途和不同作用。信息资源与人类的生产生活活动息息相关，不同的社会实践活动产生了不同类型的信息资源。

信息资源的类型划分，也是形成信息组织基本原理的根据，预示信息可以按照信息的学科类型和信息的社会作用予以划分，即信息可以从理论的角度划分，也可以从实践的角度划分。

不同类型的信息还有着千丝万缕的联系，一个类型的信息要与另一个类型的信息联系起来，一个类型的信息要与另一个类型的信息嫁接起来，一个类型的信息可以取代、兼容、包含、从属另一个类型的信息，使得一切信息存在各种关联关系，预示了信息不是孤立的、离散的，信息是联系的、相关的、整体的。因为世界是整体的、联系的，所以不同类型的信息、不同作用的信息也是整体的、联系的信息。

3.1.2　不同载体的信息资源

信息资源可以被认为是精神的、知识的，但是传播的时候，却离不开物质的、实物的形式。一切信息都是附着在某一种具体的承载形式上，并没有抽象的、离开载体形式的信息。即使存在于人头脑中的信息，只是不在现实商品世界物质要素上的信息而已，但对于这种信息，人的大脑就是它的载体。

信息的载体是指信息的载体类型，主要包括图书、期刊、报纸。图书的信息相对而言要系统全面一些，期刊的信息比较专门和深入，报纸的信息特别强调及时性和贴近现实生活。信息的载体也包括缩微胶片、照片胶卷、光盘、计算机存储盘乃至云存储等。需要借助其他形式才能阅读浏览的载体形式虽然直观性不好，但能履行各种特定功能，将信息资源承载得十分完整、准确、方便。

相同的信息可以同时出现在不同的信息载体上，这也是造成所谓"信息爆炸"的原因之一，尤其是关注度高、涉及范围广的信息，经常同时出现在不同的载体形式上，虽然方便了信息的利用和推广，但是也造成信息的冗余与重复，利用的时候，需要予以排除。相同信息分布在不同的载体上，为人们方便地得到信息和接触信息提供了更多的可能。对于一个具体的信息用户而言，只有一种载体就可以满足其信息需求；对于信息机构而言，要尽量完整准确地收集相同信息的各种不同版本、样式、格式，以方便利用。

从信息组织的角度，对于不同载体的相同信息，需要予以集中处理，并指出不同载体的优劣，描述清楚其地域地点以及各种不同的特征。当某一种信息的利用率逐渐减少的时候，应该优先挑选并且剔除那些更大占用资源和消耗资源的载体形式。

3.1.3　不同时代的信息资源

不同时代的信息资源具有相同的一面，都是在描述人类与自然的关系、人类与人类的关系，一些横亘万年的主题不停地被讨论和议论，体现了人类对永恒问题的探索和追求，不在于是否得出永恒的结论，这种探索即人类的目的和意义之一。信息资源正在履行这样的职责，负责记录人类的永恒探索活动，记录人类发展过程的点点滴滴。

不同时代的信息资源又具有不同的一面。人们的物质生产和物质生活样式为不同的时代增添不同的色彩。语言、文字，以及用语言和文字记录时代的信息资源也必然鲜明地带有不同时代的不同特征。

语言文字按照自身的规律不断演变，从古体字到近体字，从古代语言到现代语言，描绘的人类画卷色彩风格迥异，体现了人类活动的阶段性和历史性。信息资源也表现出阶段性和历史性，恰恰是这样的信息资源，使得反思、追溯、联想、展望成为可能和必要，智力活动得以延展，知识生产得以继承和发展。

3.1.4　不同人群的信息资源

信息的发出者不停地发出信息，同时，发出者也不停地使用信息。发出的信息叠加其所利用的信息资源，形成不同人群利用不同信息资源的局面。物以类聚，人以群分。人们使用信息资源的样式，正是人们表现自身的手段。认识人，需要从认识和理解不同人接触和使用的信息资源入手，这时，信息资源成为探索人与人的关系以及人与社会、自然关系的重要一环。

不同人群生产的信息资源具有不同的特点，鲜明地表达着这一群体的志趣、价值、目的、意义。有的时候，不同人群的信息资源表现得和谐统一，表达了人与人之间的和谐状态；有的时候，不同人群的信息资源表现得对立矛盾，表达了人与人之间的矛盾甚至敌对状态。通过信息资源认识人与人的关系、解决人与人的矛盾，是信息资源履行社会职能的必要之举。

在信息组织的工作中，给信息分类及对信息做标识时，要不停地联想这个信息是给谁使用的，是向谁推荐的，即使用对象的问题是信息组织工作中一直要关注和关心的问题。要把正确的信息在正确的时间让正确的人得到，是信息组织工作的基本要求。不同人群利用信息的不同之处，是指导信息组织工作沿着正确的方向努力的依据。

信息搜集也是信息组织的重要一环，是信息组织工作的起点，重视信息发出者的要求，也必然要求信息组织者熟悉信息发出的方式、渠道，以及不同信息发出者在信息资源的质量、数量、意义、价值等方面的情况，便于将质量高、数量得当、具有意义和价值的信息资源加工并整理好，实现信息组织工作的最大效益。

3.1.5　不同地域的信息资源

地方文献也称方志资料，用来记录一个地域的风土人情、山川河流、重要事件、重要人物，是一个地区的资料大全和总汇。

方志资料弥补了主流历史文献难以顾及某一局部地域的缺陷，从古至今，中国各朝各代无不予以高度重视。方志资料的兴盛反映了地域隔离及流动缓慢受阻的历史情况。随着交通发达、通信方便、流动活跃，地域的概念逐渐扩大和推广，那种局限于一地一域的地方文献逐渐淡化。

方志资料等地方文献，以行政区划为根据，往往行政单位负责拨款与编辑，逐渐增添新的元素，诸如地方统计资料、地方出版物等逐渐被纳入地方文献的范畴。

任何信息都不是凭空而生的，必然会有信息的诞生地点，探讨不同地域的信息资源，更大的意义在于强调信息资源的地域特点；任何信息都不能凭空而处，必然会有信息的存放地点；任何信息都不会凭空而飞，都会到达使用该信息的具体地点。如此看来，地域的特征是信息资源的一个必要的表达要素。时间、地点、人物三个要素在信息资源这里，依然起到重要的约束作用。

在信息组织活动中，描述和表达信息的地域特征，揭示和指引信息的地域适用特点，将信息置于某一特定区域，将特定区域的信息收集得完整准确，都是观照不同地域信息资源的表现。

3.1.6 不同国家的信息资源

信息资源属于某一地域，这个地域概念最稳定明确的升级形式是国家，国家是不同地域信息资源的最大和最固定的标签。

不同国家的信息资源往往具有不同语言语种的特征，使得信息资源带上浓重的区域性、区别性，造成国家之间利用信息资源的隔阂和障碍，因此需要翻译，需要贸易，以建立不同国家的信息资源的沟通和协调机制，形成资源的共享共用，让世界事务和全球治理得以贯彻和实现。

跨境信息资源交流是古今中外不停进行的国家间的重要活动，规制管理跨境信息交流，在信息组织工作机制方面，必须加以考虑，因为事关国家主权和安全。这时，信息组织活动具有更加重要的意义。

跨境信息交流也帮助发展中国家实现现代化，缩小信息鸿沟，实现信息共享。但是，不合理的跨境信息传播，也促使发展中国家主权丧失、民权剥夺，对信息必须实施恰当而必要的管制，以避免发生信息侵略的极端情况。

不同国家的信息鸿沟，其产生的原因和背景极端复杂，一旦产生，短时间内很难消弭。发展中国家要迎头赶上，困难重重。这个追赶的过程极度艰辛、极度曲折，耐心是需要的，时间是需要的，阵痛乃至剧痛的心理准备也是需要的。然而，这个追赶过程并非没有捷径可走，优先学习发达国家在信息组织和信息传播中形成的优秀机制原理和行之有效的好方法，可以扭转本国信息资源落后的局面，帮助自己的国家进行有益探索，赶上并且超越发达国家，完全可行，完全可以。

3.1.7 不同民族的信息资源

民族的概念夹杂在国家和地区的概念之间，夹杂在时代和历史这样的概念之间，在淡化国家、地区、时代之后，单纯向人群的因素聚集，于是，民族的概念诞生了。当然，很多民族也是在国家和时代的召唤和规划之下才诞生出来的，但这不是民族产生的必然和经常现象。

游离于多个概念，又和各种概念、文化、意识形态、现实生活乃至历史生活保持距离，不同民族对各种文化和文明的发展作出了实质性的贡献。

一些民族上升为主体，上升为国家乃至一个时代的代言人，一些民族没能进入这样的进程，而始终处于边缘和游走的状态，或者抗争，或者融合，或者坚守，或者放弃，为国家、地区乃至世界贡献着自己的力量。

民族文献和民族文字在各个国家均具有特别予以保存和保护的珍贵价值。民族信息资源多数属于受保护和受重视的范畴。这些信息资源记录着鲜活的历史，记录着人类的各种生存挣扎，记录着各种复杂的内心世界。

按照原来的模样，按照原来的方式，按照原来的逻辑，让民族的信息资源静静地不受打扰地自我生长，是对民族信息资源的最大保护。作为手段，民族信息资源的现代化和时代化，是让民族信息资源得到更好发展的办法，而不应该成为摧残和摧毁民族信息资源的借口。

民族的是世界的，世界的也是民族的。让信息资源在不同的领域发挥不同的作用，让信息资源流动起来、活跃起来，将促进世界整体信息资源的健康发展，单一的、纯粹的所谓整齐划一，并不是信息资源的理想状态。那么，积极建设民族信息资源就应该成为信息资源建设乃至信息组织工作的重要任务。

3.1.8 不同语言的信息资源

在技术不发达、缺乏有效翻译转换的情况下，在人员外语水平薄弱、缺乏掌握多语言人才的情形下，语言的障碍，使得信息资源只能在特定语言范围内流通和发挥作用。

今天，随着翻译自动化的发展，自动翻译的质量和水平已经几乎等同于人工翻译。而随着现代教育的发展，世界范围内拥有大量掌握了多语言的高等教育者。不同语言的信息资源在本国本语言范围内发挥一次作用之后，还可以到其他国家、其他语言范围发挥第二次乃至第三次、第四次作用，实现信息资源在多语言地区的广泛流行和传播，从而改善不同语言地区、国家、民族、人群的认识和思维水平，促进人类命运共同体的形成和发展。

语言是障碍的时候，阻止了交流的进行；语言是借鉴的时候，促进了交流的发展。当信息资源所描述的和陈述的事物在不同语言的人民之间转述、翻译、重构、再创造的时候，人类的文明得以借鉴和发展，智慧的火花被碰撞出来，人类的星星之火得以形成燎原之势。

面对不同语言信息资源的问题，一方面，要加强互译互通；另一方面，要珍惜不同语言、不同文化对信息资源的二次理解和二次开发。这个过程可以扩大信息的适用范围，在更大的维度上检验和验证信息资源的有效性、可靠性和科学性等，不同语言文化的再次使用者和利用者，经常可以对原始信息资源产生独特的理解和创造。

任何信息资源都是某种特定语言的信息资源，要求信息资源的组织活动重视语言因素，将语言因素作为信息组织和信息描述的重要因素，予以特别的关注和注明，不要让信息用户拿到用他不熟悉的语言写成的信息资源，避免信息利用出现障碍。同时，保证准备利用多语言文本的用户能够得到足够和准确的多语言信息文本，满足跨文化跨语言研究的特定信息需求。

3.1.9　不同情感的信息资源

阳光七彩，世界缤纷。信息资源是有情感的，这一点往往被信息资源的加工者、组织者和使用者所忽视。不仅仅那些具有文艺笔触的散文、小说和诗歌拥有浓烈的情感因素，社会科学和人文科学中的信息资源无不饱含作者的喜怒哀乐和爱恨情仇。当心中的澎湃撞击，落于笔端，即使暗淡平息，也仍然掩饰不住原始的温度，信息资源的情感因素，依然汩汩如流水，奔淌不停歇。

在信息组织和信息检索领域，大量的学者和大量的论文都在讨论情感因素的检索问题，选取那些代表情感的重要指示词，表明信息资源的情感取向，在信息资源的选择和选取上面增添一个维度，尤其对于某些特定领域，潜在的和暗含的情感因素至关重要。掌握这个判断标准，对信息资源的利用会如虎添翼、锦上添花。

3.1.10　不同价值的信息资源

信息资源之所以叫资源，是因为创造信息、搜集信息、保存信息都需要消耗资源。信息资源如同物质资源一样，都是有价格、有价值的。

金钱财富的价值是一个方面，信息资源能够产生的价值是另一个方面。资金财富的消耗是预先已经完成的，然而，一个信息资源最终能够产生的价值、价值的大小却是未知的，只能通过理论的假设和经验的判断予以估计。

估计信息资源价值的能力，不仅是普通用户所需要的，更是信息组织者所需要的。一个信息系统当然要吸收那些价值高且重要的，或者会对未来产生积极影响的资源。

对于这样的问题，信息组织者经常放弃这种判断，因为实在是勉为其难。信息组织者经常将这样的问题转移到关注信息的其他属性方面，比如，信息的知名度、信息产生机构的权威性、信息的传播广泛程度等，用历史预测未来。更为主要的方法，其实是无为而为的方面。作为信息组织者，更关注信息资源的客观性、实用性、系统性和一致性。只要满足基本的条件，信息组织机构将无差别对待，以搜集齐全人类的一切精神活动产品为主要追求目标。至于信息资源的价值，只能等待用户的开发和实现。如此，信息资源必然在未来分化，一部分信息资源真的成为价值高的资源，另一部分信息资源成为低价值的"藏品"充塞其间。好花还需绿叶配，如果为了追求一切都是红花般的高价值信息资源，而随意主观砍掉绿叶的低价值资源，恐怕好花也难以凭空绽放。如此，信息组织者对信息资源的价值因素的关注度也就不会极端苛刻了。

3.1.11　不同意义的信息资源

信息资源除了实际的作用之外，还有指向未来的一些虚拟成分的特质暗含其中。

这种特质，有的信息资源表现得很明显，有的信息资源表达得很隐晦。总之，更多的信息资源，以"画外音"和"余音绕梁"的方式，无可遮挡地表达和表现出来。

信息资源的用户对这一点非常敏感。然而，信息资源的组织者和收集者每天面对那么多的信息资源，不可能时时处处漫天联想信息资源的意义问题。到目前为止，信息组织活动没有为信息资源的特质、意义和隐含的意思等要素设置标记字段。总之，信息资源的意义问题比信息资源的情感因素更加隐晦和难以把握。也许从信息检索和信息利用的角度看，应该更加关注，应该是一个重要的影响因素，但是在信息资源的组织方面，不是一个重要的和实质性的关注点。

3.1.12 不同意识形态的信息资源

唯物主义与唯心主义，封建主义与资本主义，资本主义与社会主义，人类社会自从诞生，就存在两条路线、两条道路的纠缠和斗争，一切错综复杂的纷争最后都归总为两大矛盾对立的纷争，表现为意识形态的对立和斗争。

在不同意识形态的覆盖下，信息资源也必然带上不同的倾向，一切信息资源都概莫能外。人文社科类的信息资源，其意识形态的特征指向尤其显著。在艺术人文领域，虽然隐晦，但也能将意识形态的对立和斗争表达得绵里藏针乃至针锋相对。

对于信息资源组织来讲，在信息资源的选择、加工、处理、推荐等环节，需要增加一个重要的变量参数。一个时期以来，信息组织机构将一切信息乃至自然科学和技术科学的信息无不贴上意识形态的标签，在一个新的意识形态刚刚确立的早期，还未获得统治和主导地位，是必要的和应该的。但是，随着时间推移，这种意识形态审查制度必然会被诟病乃至抛弃。于是，各种意识形态的信息资源获得自由传播的权力，自由传播逐渐被推崇和执行，意识形态的标签不断淡化乃至消弭，也是这一影响因素从强到弱的发展规律。

信息资源在不同的国家、不同的民族、不同的社会、不同的政治经济文化环境中诞生，意识形态是主流的国家意志和社会思潮，信息资源必然带上意识形态的特征，无法逃脱。那种认为信息资源没有意识形态的错误观点应该引起信息组织者的注意，作为信息组织者，不过分强化这个因素，但它是存在的，任何信息组织活动都是具有意识形态价值判断的。

3.1.13 不同社会氛围的信息资源

不同的社会氛围，引发不同的读书热潮。热潮所至，人声鼎沸，洛阳纸贵。社会氛围又联系着不同的地区、时代、民族、语言、情感等因素，来回激荡，回响不停。

作为信息风貌的反映者和记录者，信息组织工作者必然要留意和保存不同氛围的信息资源，不能做旁观者和漠视者。然而，信息组织者还须冷静，一切热潮终将退去，信息资源收藏机构不是热潮时髦的追逐者和保存者，而是整个社会、整个历史的稳定的记录者，社会氛围光怪陆离，信息资源恒久绵长。在如此的两相对比和冷暖交替中，信息组织活动对社会、对历史贡献了独特价值和独特意义。

与社会氛围保持不远不近的距离，关注社会氛围，不沉迷其间，成为信息资源组织者的必要素质和必要本领，这是信息组织工作的价值所在和意义所在。

3.1.14　信息资源的数字化

人类的文字文明历史悠久，口口相传、结绳记事、石头铜铁、竹简木牍、丝绢布帛、纸张书本，都曾经作为历史上信息资源的记录手段和载体方式，造纸术、印刷术都曾作为大规模书写复制的手段，出现在信息资源生产与传播的各个时代和各个环节之中，让文明传播，让知识继承，让信息积累。

一些传统的信息记录和传播手段仅仅作为历史而存在，一些历史上的记录和传播手段却应用至今。

然而，发明不到百年的计算机技术、网络技术等，使人类信息的记录和传播产生了一次划时代的重大转变，这种以"0""1"电信号为记录根本的手段颠覆以往，诞生的数字资源不能小觑。

如今，新资源几乎都已经实现数字化，过去的资源逐渐地、几乎完全地被数字化方式重新表达出来。数字化表达信息资源，让信息资源的生产、传播、使用、加工、处理、存储、检索日益依赖计算机技术、网络技术，让信息组织所在的图书馆学、情报学逐渐走上依靠技术化生存的道路。过去，学习图书馆学、情报学时，计算机科学仅仅为一门选修课；如今，其似乎成为图书馆学、情报学的必修课。过去，图书馆学乃至情报学，是文科的范畴；如今，二者好像已经变为理科乃至工科的范畴。

从人类的信息传播史上看，人类并不太关心印刷术、造纸术，然而今日不得不关心信息资源组织和管理领域的计算机技术和网络技术。也许随着计算机技术和网络技术的发展，人工智能技术得到广泛深入的应用，信息组织所依附的图书情报学科将再次不用特别关心计算机技术和网络技术，让图书情报学重新回到侧重信息内容和信息管理的历史逻辑上来，将精力和重心重新放在信息资源内容本身，免得耗费大量精力掌握计算机技术和网络技术，这对于促进图书情报领域的专业水平和专业发展意义重大。

3.1.15　信息资源的开放与封闭

一个政务信息一定沿着行政机构和行政级别逐级传播、逐渐传达。对于一些重要核心的信息资源，要建立严密严格的保密制度，以控制信息的流传和扩散。

一个拥有竞争情报性质的信息，一定沿着付费的和投入产出的原则和路径，让此类信息固定在特定人群和范围里面传播，以实现信息资源价值的最大化，获得竞争优势。

除了政务信息、保密信息及竞争情报信息之外，从信息的实际传播方面来看，任何信息都是按照逐级传播的路径，从信源逐渐扩散、逐级扩散的，只是这种扩散没有建立控制措施。实际上，也不可能如同太阳普照大地，将信息瞬间传遍世界，让一切信息资源直达所有人的内心。

这样，一种信息是开放的，另一种信息是封闭的或者半封闭的。无论是开放的信息还是封闭、半封闭的信息，其传播都遵循共同的规律，两种信息的组织方式并不存在差别，用于组织一种信息的方法和手段，完全可以组织另一种信息。如同一个通信系统，这个系统可以传递各种声音，如同一套运输设备，可以装载各种物品，通信系统和运输设备无须知道里面的内容，只负责传输和运输。这是因为信息组织具有客观性、规律性和普适性，无论是开放的信息还是封闭的信息，都可以使用相同的信息组织手段和方法。

3.1.16　自然科学和技术科学信息资源

总体来看，社会科学和人文科学信息资源，与人类的生活更加密切相关，与人类的情感互动更加频繁。自然科学和技术科学信息资源是公正客观的另类信息资源，以描述自然界和各种技术为核心目标，这让自然科学信息和技术科学信息资源具有不同的特征和特点。

3.1.17　信息资源和信息的组织资源

信息资源一旦产生，对其进行组织、管理的信息马上伴随着产生，即所有的信息包括两类：一类是信息资源本身；另一类是对信息资源进行组织活动后形成的对信息资源的组织资源。乃至在信息组织的现实工作中，还产生了信息组织资源的再组织。要正确区分两类不同的信息资源，注意补齐缺失的部分，不要形成只有信息资源却没有该信息的组织资源的局面，也不要形成只有信息的组织资源却没有信息资源的局面，注意两者的匹配和结合，促使信息有效利用，促使信息组织资源填充给相应的信息资源。

3.2 信息资源的性质

3.2.1 信息资源的共性

信息能够消除事物的不确定性，带来新的知识、新的感受和新的收获，使得信息的接受者更能够把握现实情况，带来价值并引起变动，一切信息资源都具有这样的共性。

信息资源强化了理性的逻辑，提供了系统化的知识，教人以规律，能够借助信息资源，让人们仔细判断，选择和采取正确的行动和行为，产生正确的思想和思维，给人力量，给人智慧，给人勇气。

信息资源提供改造社会、自然和人自身的现实价值，信息资源是现实的记录，也将转换为历史的素材，带上历史的价值。

3.2.2 不是资源的信息

信息与物质一样，广泛存在，无穷无尽，只有其中一部分信息，被人的慧眼看重，得到人的认可。只有这些被收集、被整理、被组织、被存储的信息，才能成为信息资源。

从总体数量上讲，不是资源的信息远远多于属于资源范畴的信息。

3.2.3 信息资源的累积

信息资源的新陈代谢和吐故纳新，呈现螺旋式上升、喜新不厌旧、瞻前又顾后及逐渐累积的特性。

虽然信息千千万万、知识千头万绪，但是真正落实到具体的学科领域，其重要的知识点、核心的规律、根本的原理，很多年都难以突破，更多的所谓创造，均是围绕这些基本的内容，施加或多或少的改进乃至增删，甚至重新予以解释，这是一种知识的贡献。这样，千百年来，尤其以人文社会科学为代表，所有信息资源讨论的主题非常稳定，总是围绕那些核心议题、重点概念和基本道理，反反复复，不厌其烦，体现了信息的累积连续的特点。如同盖一栋摩天大楼，从地基开始，一层再附加一层，知识连续累积，形成蔚为壮观的知识大厦。

如果在某一时刻、某一时代，突然诞生从来没有过的知识和信息，这可能是新的学科、颠覆性的技术乃至人类从没达到的新领域。这种信息和知识可谓创新创造，另辟蹊径，体现了人类发展的革命性变化。这种情况不是常常发生，但有的时候如同火山喷发，多点开花，瞬息万变，伴随着社会的迅速发展和演进，为人类社会开拓新空间和新思维。

当然，在人类历史上曾经辉煌过的信息资源，经过一段时间，不再受到重视和使用，这些知识内容如同化石一般处于永远凝固的状态，没有后续的累积，只有历史的记录。这样的信息资源也是大量存在并且持续增多的，要保存和记录这些资源，让它们成为历史的见证者。另外，有时候化石还能"复活"，还能找到在新时代的新意义，枯木逢春，老树新芽。当这种情况出现的时候，死寂的信息资源又进入重新连续和重新累积的信息资源状态。

总体而言，信息资源是累积的、是连续的，图书情报专业进行信息组织的活动也是累积的和连续的，必然在信息组织的时候，重点反映知识的连续性和继承性，必然重视知识的整体性和累积性。

3.3 信息资源与信息组织

3.3.1 信息资源与信息组织的逻辑次序

信息资源与信息组织相伴相随、如影随形，并没有一个严格的逻辑次序，二者同现于信息资源产生和发展的全过程中。

3.3.2 信息资源与信息组织的关系

信息资源与信息组织密不可分。信息资源是信息组织的基础，而信息组织是将信息资源有序化、系统化、规范化的一种手段。

信息资源是信息组织的主要对象，信息组织的目标是通过对信息资源的描述和序化，实现无序信息流向有序信息流的转换，从而保证用户对信息的有效获取和利用，以及信息的有效流通和组合。

信息资源的组织不仅是将信息简单地分类和排列，更是基于对信息外在特征和内容特征的深入理解，对其进行描述和序化的过程。这个过程需要利用一定的科学规则和方法，如分类法、主题法、元数据法等，以实现对信息资源的全面组织和有效管理。

同时，信息资源的组织还要考虑用户的需求和习惯，以及信息的流通和组织等因素，因此需要不断地进行优化和调整。

总之，信息资源与信息组织是相互依存、相互促进的。只有对信息资源进行有序化的组织和管理，才能更好地满足用户的需求，提高信息的使用效率和价值。

3.4 信息资源的物理存储机构

信息资源的微观存储机构，可以是数据库、文件系统，以及各种个人及机构的原始硬件设施。

信息资源的宏观存储机构通常包括图书馆、档案馆、博物馆等。这些机构通常会收集、整理、存储各种文献资料乃至实物资料，如图书、期刊、报纸、历史文献、档案和实物等。

图书馆是信息资源存储的主要机构之一，主要收藏各种图书、期刊、报纸等印刷品。图书馆的藏书量通常非常庞大，并且涵盖了各种领域，如文学、历史、科技和艺术等。

档案馆主要收藏各种历史文献、档案等资料。这些资料对于研究历史、社会、文化等具有非常重要的价值。

博物馆主要收藏各种文物、艺术品等实物资料。这些资料对于研究人类历史、文化、艺术等也有着非常重要的价值。

此外，随着信息技术的发展，数字图书馆、数字档案馆等数字化存储机构也逐渐普及。这些机构采用数字化技术将文献资料存储在计算机系统中，方便用户查询和利用。

3.5 信息资源的生命周期

3.5.1 生命周期

信息资源的生命周期通常包括五个阶段。第一，产生阶段。这一阶段是指信息数据从无到有的起源。这可能涉及对问题的定义、目标和可行性的研究，以及构思需要的数据类型和结构。第二，传播阶段。在这个阶段，信息通过某种方式在内部或外部传递并到达最终用户手中。这可能包括信息的收集、传输、转换等环节。第三，使用阶段。在这个阶段，信息到达最终用户手中，用户对收集到的信息进行分析、利用。第四，维护阶段。这一阶段是对信息的管理，包括信息的存储、备份、恢复、更新等。第五，结束阶段。这是对已经使用过的信息进行最终处理，包括信息的销毁、归档等。走完这五个阶段，一个信息可谓完成了自己的全生命周期。

3.5.2 三位一体

信息资源的保存是信息组织，信息资源的利用也是信息组织。保存、组织和利用是三位一体的关系。

4 信息系统

信息检索系统由计算机软件和硬件、网络和通信设备、信息资源和用户信息活动等要素组成，是输入、存储、处理、输出和控制信息的系统。

信息检索系统，是信息的"家"，也是用户从事信息活动的"家"。在"家"中，信息能发挥更好的作用，用户能获得更好的滋养。

从事信息组织工作，必然形成信息检索系统。如同营销信息系统、制造信息系统、财务信息系统、人力资源信息系统，几乎每一个领域和部门都有属于自己领域的信息系统，信息检索系统属于图书情报学科的信息组织门类，它面向知识和文献的管理领域，实现信息组织和信息检索。

4.1 功能

4.1.1 存储

图书情报事业拥有自我的使命，必然收集尽可能多的信息，必然拿来尽可能全的信息，按照各种逻辑关系和各种应用场景，针对各种要素和各种细节，在自己的系统里，把信息存储好，为社会贡献自己的独特力量。存储信息是一项基础性的工作，这是信息组织能为社会贡献力量的源泉。

4.1.2 检索

侧重主题法的被动式使用方法，主要指信息检索系统要满足用户关键词检索一类的要求。即用户不发出检索动作，检索系统什么都不能给用户提供；一旦用户发出检索请求，检索系统一定能给用户提供精准或者近似的信息及信息线索。

另外，诸如各种元数据要素的检索，都能够满足用户的需求。

4.1.3 展示

侧重分类法的主动式使用方法，主要指信息检索系统展示信息的分类表现方式。即用户不发出检索动作，信息检索系统照样可以给用户各种信息指示，或者根据信息的特点，或者根据用户可能的信息需求，主动地给用户提供信息和信息线索。

信息检索系统的三大功能不是互相孤立的，而是完整一体的。信息在存储的时候，不仅要考虑信息自身的格式特征、逻辑特征和内容特征，更要充分考虑检索和展示的需求和特征，凡是信息自身带有的特征，凡是用户可能想到的检索途径，凡是系统自身将要展示的路径，都要在存储的时候予以充分考虑，总之，是按照检索和展示的需求来存储信息。用户的检索不是任性和随意的，用户摸清和掌握系统存储的特征和特点，才能取得好的检索效果。系统的主动展示不是唯我的和孤芳自赏的；要按照收录资源的特征，要依赖用户检索的可能和方向，对信息予以针对性的和系统性的展示。

4.2 类型

按照信息的聚合方式及检索的侧重，信息检索系统划分为一般数据库（databases）、书目数据库和图书馆集成系统（integrated library systems，ILSs）三种类型。

脱离于图书情报单位，一般数据库的主角是数据库厂商。尽管一些图书馆也生产以自有资源为依据的自建特色数据库，但不是数据库的主角，也很少形成规模和品牌效应。

书目数据库主要指OCLC的WorldCat一家，这个数据库的主角是图书馆，所以单列。也只有这样为数不多的数据库才能够进入重要和主要数据库的队列。当然，书目数据库，数据库厂商因缺乏来源数据也无法建设。

至于图书馆集成系统，尽管数据库可通过网络向社会用户开放服务并收费，但是数据库的主要购买者是图书馆。各个数据库必然放在图书馆的平台上，供读者使用，这个平台就是图书馆集成系统。当然，这个图书馆集成系统还要提供其他的服务，来运营整个图书馆的完整业务流程。所以，图书馆集成系统如同电脑的操作系统一样，无时无刻不在使用它，并通过它使用更多的应用和资源。这样，一般数据库和以OCLC的WorldCat为代表的书目数据库，都是搭载和运行在图书馆集成系统之上的。这是问题的一个方面。问题的另一个方面是，如今，数据库厂商的实力高涨，它们也在设计大而全的系统，从微观的数据库起步，甚至企图将自己打造成无所不能的图书馆集成系统。如今，书目数据库 OCLC 甚至已经打造了诸多的标准、控件、组件、程序，出售给各大图书馆，起到了图书馆集成系统的作用。

如此看来，一般数据库、书目数据库和图书馆集成系统三者之间既有联系又有区别，相辅相成，界限鲜明却又互相融合。

在数据关联和数据扩散方面，数据库厂商、书目数据库及图书馆集成系统都愿意并乐于向开放网络迁移，Google 和 Baidu 学术无所不包，就是表现。而且数据库厂商之间、数据库和文献来源公司之间，由于有效解决了产品利益和数据权益保护的经济问题，也不断互相授权，给对方提供推广的路径，同时壮大自己的门面。

4.2.1　一般数据库

以一种或者多种数据结构大规模集中存储信息，能够及时更新并随时提供所存储信息的工具，被称为数据库。这是信息检索系统三大类型中信息集成度最高、服务效果最明确的一种类型。

国内数据库如中国知网、万方数据库、维普数据库、龙源期刊网等，国外数据库如英国 Ingenta、德国 Springer-Verlag、荷兰 Elsevier、美国 Wiley Inter-Science 等，比较知名。

4.2.1.1　结构

从技术角度看，数据库的类型不停变化。树状数据库（hierarchical database）、可扩展标记语言数据库（extensible markup language database）、关系数据库（relational database）、非关系数据库（non-relational database）、面向对象数据库（object-oriented database）和网状数据库（network database）等，是先后出现的数据库结构形式。

4.2.1.2　收录范围

出版商出版的期刊、开放存取期刊和电子期刊、商业协会出版的期刊、学术辑刊、图书、会议录、学位论文、会议论文、报纸、年鉴、专利、国家标准、成果、法律法规、政府文件、企业标准、科技报告、与科学相关的互联网信息网页、预印本和机构库等多种精选资源，均有可能在某个大型数据库的收录范围内。

一些数据库是全文信息库，可提供全文服务。另一些数据库是线索数据库，以提供文献的文摘、题录、题名等线索为主。目前，这类线索数据库也在积极扩大服务范围。一方面，积极拓展全文服务；另一方面，如果不能提供全文服务，也会尽力建立引向全文的链接，在各类型数据库之间、数据库与信息商业中心之间广泛开展合作，逐步实现各系统之间的无缝链接。

4.2.1.3　使用方式

图书馆拥有几十到数百个数据库，用户的一种检索需求是只使用某一个数据库，另一种检索需求是同时使用多个数据库。对于前一种情况，图书馆需要按照数据库的字母顺序、关键词、学科分类、文献类型等提供数据库导航服务，也可以把数据库导航依附于学科导航之上，方便用户具体选择使用特定的数据库。对于后一种情况，图书馆提供跨库检索服务，打破数据库信息孤岛，使用户可以一次同时检索几十个数据库的资料。

4.2.1.4　利益保护

数据库公司采用一系列信息资源控制手段来保护自身的优势地位。第一，法律保护。比如知识产权法、反不正当竞争法、合同法。第二，技术控制。使用各种软硬件技术，比如软件与数据的完美封装、身份验证、IP 地址限定、访问控制、最大在线用户数、数字图书的复本数限制等。第三，资源独占。通过"独家授权"方式获得独特信息资源，实现资源独占。

4.2.1.5　数据库建设

数据库建设涉及数据库的收录标准、数据处理流程、基础数据整合、深度标引等方面。

2005 年 5 月，国际标准化组织（ISO）规定 PDF 为国际上通用的文献数据库阅读、下载格式。PDF 格式不仅支持 XML，而且分层授权使用内容：全文可拷贝、部分可拷贝、可以打印、不能打印、只读等。

数据库建设预先需要确定各种事项，包括用户界面、数据格式和元数据标准、数据库建设规则、信息交换协议和标准、数字化加工标准、服务标准等。

在收录标准方面，要确定的内容有：是专攻一个学科还是多个学科，是否确定一些学科为重点学科；是收录期刊到某一级别，还是所有期刊的文章都收录；对开放存取的内容是否收录；图书是否收录；学位论文等类型文献是否收录。

基础数据处理方面，不需要数据库新的投入，仅凭现成的软件和固定工作机制，便能够录入标记数据。早期数据库专门把纸质内容转换为机读内容，手工键盘录入。后来，使用光学扫描（OCR）录入纸质数据。进入网络时代，出版商提供标准化的可扩展标识语言（XML）数据，减少了数据库厂商的工作量。同意加入某一数据库的出版社、期刊社、出版商，按照数据库厂商公布的元数据格式、文档类型定义（DTD）以及XML格式的数据样例和可编辑无内容的标准XML文件，逐一定期填写并通过网络上报给数据库厂商，即自动完成数据录入工作。

比如，一个数据库厂商针对某一个具体期刊的元数据格式可以分为四类：第一类是期刊及卷期信息，元数据包括出版商、期刊名称、ISSN、出版年、卷、期、出版时间；第二类是论文信息，元数据包括论文各类唯一标识符、论文题名、文摘、关键词、全文、起止页、语种、论文类型、出版时间、出版历史、非英文题名、非英文关键词、论文间引用关系、版权信息等；第三类是论文作者信息，元数据包括个人作者名称、作者的姓名全称、作者的姓、作者中间名字、作者后缀、作者地址、作者唯一标识符，团体作者名称、团体作者地址、贡献者相关信息等；第四类是数据库的专有信息，如数据版本、数据库收录时间等。

非基础数据处理方面，需要数据库人员专门投入劳动进行标引工作，比如大量的受控标引是原始文件中没有的，凸显数据库厂商的创造和劳动。

4.2.1.6　如何评价数据库

衡量数据库尤其是全文数据库，可以从两个方面入手。第一，从数据库检索的角度，主要包括运算符（逻辑与或非，位置和截词检索等）、检索字段（题名、作者等可供检索的项目）、检索途径（简单检索、高级检索及二次检索等）、检索限定（按学科、时间、语种和文献类型等检索）等四项内容。第二，从显示和处理检索结果的角度，主要包括内容显示（是否有足够全面和立体的显示界面）、排列方式、下载方式（文件格式）、结果保存、链接功能（拓展服务功能）、个性化服务等六项内容。

全文数据库具有三个核心竞争力：第一，历史数据回溯，最好能够回溯到创刊号期刊,最好能把最古老的版本收录其中。还要解决有没有的问题,如早期的文献没有文摘和关键词等文献要素,以手工或者自动的方式提炼补充好,把早期原始文献同步到最新的数据加工水平上来。另外,早期的文献,是不可编辑的照片,还是全文可编辑的电子版,也是衡量一个数据库对早期原始文献数据加工水平和能力的一个重要方面。第二,当前数据质量。第三,未来增值服务。增值服务包括信息抽取、计量分析自动生成系统、句子级文献自动审稿系统(参考文献自动标注系统)、学习型搜索和观点型搜索等,使文献服务走向知识服务。

数据库的第三项核心竞争力详细说明如下:

信息抽取:由提供学术文献服务向提供知识服务转变,比如抽取一篇文章的历史发展、分类、特点、方法、关键技术、国内研究进展、国外研究进展、应用前景、实验数据、实验结果等诸多内容,即按照写作的结构把文章所有内容进行模块化抽取。

计量分析自动生成系统:可以统计分析任意一个学科、专业或方向的核心作者、主要研究机构和地域分布,可以统计分析关键词、标题、文摘及分类号的关系,提供研究热点及趋势等统计分析。

句子级文献自动审稿系统:信息爆炸与信息泛滥的问题日益突出,解决的根本方法是使大量创新性很低的文章没有发表的可能。为此,编辑部会使用"学术抄袭与科学引用自动判定系统"辅助审稿,从而采用技术手段从源头上解决学术抄袭的腐败问题,而这种系统可以由全文数据库商联合提供。这类句子级分析匹配系统既可以对学术抄袭与科学引用进行自动判定,也可以帮助作者进行参考文献的自动标注。

学习型搜索和观点型搜索:数据库商虽然以篇为单位提供数据,但也能提供句子级的搜索与分析,还能提供以知识点为单位的搜索与分析,提供学习型搜索和观点型搜索。①学习型搜索相当于文献自动综述,对于现在的检索而言,如果用户不打开检索结果阅读全文,就很难判断哪些文章是需要的,哪些文章是不需要的,而看过的文章又有许多重复的内容。如果能够让计算机进行滤重与知识重组这一工作,那么将是一件非常有意义的事情。把上千篇文献组织成一篇,相当于以百科全书的形式进行组织,用户只需要看"书"中感兴趣的部分就可以了。②观点型搜索是指根据某一观点进行搜索,以自然语言形式输入查询,搜索含有某个观点的文章,或者关于某个知识点的所有观点。未来的检索结果将不再是一篇一篇的文章,而是一个列表。列表列出每种观点及每种观点的支持人数。当我们想详细了解某一种观点时，就点击相应记录，系统会显示关于这种观点有哪些论述方式，是如何来论述的，也就是真正的知识链。这是解决信息泛滥与知识贫乏的关键途径。

新型数据库以引文链接、学术定义、学术趋势等新功能为起点，以回答学术问题、打破以篇为单位的知识组织方式，提供知识点与知识点之间的链接为目标，提供真正的以知识点为处理单元的知识服务，从物理层次的文献单元向认知层次的知识单元转换。未来针对全文数据库的应用系统可能会有很多，新功能的名字也可能有很多不同，但整体上会朝着以下几个方向发展：分析粒度越来越小（句子分析是重点和核心）、分析数量越来越大（大规模异构数据综合分析）、分析范围越来越广（正文内容分析成为重点）、分析程度越来越深（不再以词为重点，会支持结构检索、语义检索等）。

4.2.1.7　与数据库相反的运作方式——开放机制

与数据库厂商的服务方式不同，开放存取的文献检索机制无先决条件，免费使用资源，开创了新的文献利用途径。

国家一次性向数据库厂商付费，供全体人员免费使用，是开放存取制度的变体，即实行国家许可证制度，把数据库打造成公益事业，既嫁接了商业和公益，也兼顾了两者的利益。

4.2.2　书目数据库

OCLC 也是数据库，更准确地说，OCLC 是书目数据库。OCLC 提供文献的记录信息和馆藏地点信息，是世界最大的线上联合目录。除 OCLC 之外，Sky-River 和 Auto-Graphics 也是规模比较大的书目数据库。

OCLC 虽然主要面向图书，但是它收录的期刊等数据一点也不比其他数据库少。而且，其他数据库，也不是排除图书的。之所以特意单独提及 OCLC 数据库，主要是因为 OCLC 侧重图书并与实体的具体的图书馆联系最为紧密。

中国线上联合书目"全国图书馆联合编目中心"（online library cataloging center，OLCC）是由参加图书馆和国家图书馆共同合作编目和维护的书目数据库。高等教育文献保障系统（China academic library & information system，CALIS）联合书目中心数据库是教育部主持的合作编目数据库。这两家是中国比较著名的书目数据库。

4.2.2.1 数据来源

书目数据库不仅从大型图书馆中获得MARC数据，也从大量参与该书目数据库的众多图书馆中补充数据。对于已经建立书目数据的信息（已经编目），入藏该信息的单位，可以在该书目信息里面添加一个收藏信息。这是一种合作编目的形式。

成员馆编目员可以移动、改变、删除、编辑记录数据，以满足自己馆的特定需求。当自己馆的信息没有编目数据的时候，可以增补该编目数据给中心。

4.2.2.2 不断创新信息描述技术

资源描述和检索（resource description and access，RDA）是取代《英美编目条例》（第2版）（AACR2）的新的编目标准，为推动新一代编目规则作出贡献。2009年，OCLC的WorldCat和元数据服务部的员工完成了两个关于RDA的网络研讨会，OCLC的编目员参与了美国国会图书馆、医学图书馆和农业图书馆这三家美国国家图书馆组织的RDA测试。2010年9月7日，OCLC的Glenn Patton与美国RDA测试协调委员会讨论后确定了将RDA的元素（字段）加入OCLC的非RDA记录中的政策。

4.2.2.3 开放关联数据

以关联数据发布分类法和主题词表，OCLC已经在关联数据方面做了若干实验，如将《杜威法》（Dewey decimal classification，DDC）的最上面三级类目以关联数据形式发布，又在此基础上将DDC第23版的全部集合以关联数据发布，包含2.3万余个分类号、类名和英文的说明文字，可用12种语言检索DDC的最上面三级类目。

主题术语的分面应用（faceted application of subject terminology，FAST）是一个源于美国国会图书馆主题词表的分面的主题词表，旨在通过一种简化的语法，利用LCSH创建FAST以便保留LCSH丰富的词汇，同时使主题词表更容易理解、控制、应用和使用。该主题词表与LCSH保持向上兼容性，任何一套有效的LCSH标题均可转换为FAST标题。关联数据版的FAST规范档还包含到相应的LCSH规范档的链接，对许多地理标题均提供到GeoNames地理数据库的链接。FAST规范档的使用是开放的，遵守"开放的数据共享署名许可"（open data commons attribution license）。

图书馆主要使用分类法和主题词表组织文献信息。OCLC拥有海量的书目数据信息，一直致力于将其建设成为开放关联数据，以便于广泛使用。将具体信息的组织方式分类法和主题词表予以开放化和关联化，将打通整个OCLC的信息组织活动，意义重大。

4.2.2.4　WorldCat

WorldCat是联机计算机图书馆中心OCLC的拳头产品，是世界上最大、最完善的书目记录和馆藏信息数据库，是书目数据库的典型。

WorldCat包含OCLC近2万家成员馆编目的书目记录和馆藏信息。从1971年建库，共收录有480多种语言总计近19亿条的馆藏记录、2.7亿多条独一无二的书目记录，每个记录中还带有馆藏信息，基本上囊括了从公元前1000多年至今世界范围内图书馆所拥有的图书和其他资料，代表了人类知识的结晶。文献类型多种多样，包括：图书、手稿本、网址与网络资源、地图、计算机程序、乐谱、电影与幻灯、报纸、期刊、录音、文章、文件、录像带等。该数据库平均每十秒更新一次。

WorldCat编目数据的质量控制需要各成员馆的共同支持和参与。WorldCat在成员馆的管理上采取等级制度。对WorldCat进行数据维护的成员馆需要经过等级认证：经过专门的培训和严格的认证，一部分成员可获得"高级参与者"级别，拥有较大的权限，可修改、替换WorldCat中的书目记录，其中国家级高级参与者还可以替换大多数的国家级记录；拥有完全级编目授权的成员馆可申请加入"专家社区"，获得更大的修改权限和范围，如实时修改记录、修改完全级书目记录、修改更多主记录的字段、将书目数据升级为主记录；所有编目成员馆都可以通过申请修改表格指出WorldCat书目数据或规范文档中需要修改的错误。

OCLC采取了广泛而多层次的标准和规范：首先，OCLC在成立之初就制定了一系列国际标准并严格执行，目前使用的国际通行标准、公认准则包括MARC、FRBR概念、DublinCore、ONIX、RDA、SRU、OAI等；其次，由于成员馆来自世界各国，所以借鉴和参考了各国一些已有的规范，而对于现存规范未涉及的内容，也制定了相应的处理办法。

OCLC开放了WorldCat中1.97亿条书目信息作为关联数据发布，能通过各种流行的网站和Web服务提高图书馆馆藏的曝光度。这批数据的发布意味着图书馆馆藏资源能被更大范围的互联网社区所获取，使得这些馆藏资源能够被整合，进而更容易被图书馆的用户发现。

WorldCat能够提高图书馆所有流程（从编目到资源共享再到发现和发送）的工作效率，智能地重复利用图书馆提供的数据，通过不断增加的合作伙伴和网络技术，使数据分布更广，从而使图书馆资源更容易在互联网上被检索到。

4.2.3 图书馆集成系统

图书馆集成系统支持图书馆的日常工作，如同图书馆大楼、资源和工作人员一样，是图书馆的必要成分。今天，几乎一切图书馆活动都要在图书馆集成系统中进行和完成，图书馆集成系统对于任何图书馆而言，都是极为必要和重要的。

4.2.3.1 我国图书馆集成系统

深圳大学图书馆计算机管理集成系统（SULCMIS）。在中国图书馆集成系统中，深圳大学图书馆计算机管理集成系统占据重要地位，主要面向中小用户，在国内拥有数百用户单位。1987年，深大馆在我国高校图书馆中率先实现基础业务的自动化管理，逐步实现从系统核心到采访、编目、流通、期刊、检索、系统等六个功能模块的自动化管理。后来，相继推出WEB检索、典藏调配、馆藏统计、阅览室管理等新的功能。该系统于1991年通过部级鉴定。该系统覆盖图书馆全部业务，并推出大学版、公共版、企业版、小型版和BIG5版等多种版本，适合各类型、各种规模图书馆的自动化管理。

文献管理集成系统（WXGJXT）。该系统由大连博菲特软件公司研制，于1991年4月通过由国家教委装备司组织的技术鉴定。该系统具有图书采购、图书编目、典藏管理、流通管理、连续出版物管理、读者咨询、书证制作、回溯建库、藏书决策、行政管理、篇目管理系统、网络公共查询系统、馆际互借系统、网上图书馆、联机编目和在线采购等功能。该系统适用于采用《中图法》、《科图法》和《人大法》进行分类，藏书在100万册左右的各类中小型图书馆、资料室。

DataTrans-1000图书馆管理系统。北京丹诚软件有限责任公司于1996年推出DataTrans-1000图书馆管理系统。该系统具有内务管理、流通系统、公共查询、数据输入输出等功能。该系统的集成性强，能够帮助图书馆实现内部业务管理和在Internet提供信息服务。

汇文文献信息服务系统。汇文文献信息服务系统是江苏省高校合作开发的新一代图书馆管理系统，于1998年6月进入测试阶段，目前已在国内多家图书馆推广应用。该系统具有采访模块、编目模块、典藏模块、流通模块、期刊模块、系统管理等。该系统推出的2.0版，在原有功能的基础上，完善了OPAC书目查询系统和Z39.50服务子系统。

GLIS通用图书馆集成管理系统。GLIS通用图书馆集成管理系统由北京清大新洋信息技术有限公司开发。该软件按照标准的MARC格式建立数据库，实现图书馆采购、编目、流通、检索等业务环节的计算机管理。GLIS由采购子系统、编目子系统、流通管理子系统、读者管理子系统、系统维护子系统、公共检索子系统、期刊管理子系统、西文管理子系统、馆务管理子系统、WEB远程查询子系统、非书资料管理子系统、条码打印软件、书证制作软件等部分组成，各子系统功能紧凑、结构合理。

GDLIS金盘图书馆集成管理系统。北京金沙汇科技有限公司于1995年底成功推出GDLIS金盘图书馆集成管理系统。该系统能对图书馆的书刊和非印刷资料（视听资料、光盘、缩微品等）的采访、编目、典藏、流通、公共查询等业务工作以及行政管理进行计算机管理。GDLIS根据图书馆各基本业务环节，建立了采购、编目、典藏、流通、数据查询、期刊管理、书目维护、系统控制等八个子系统。

"文津"图书馆综合管理系统。该系统由北京现代文津信息技术研究中心开发。该系统包括采访、编目、检索、流通管理、连续出版物管理和参考咨询六个功能子系统，可实现图书馆图书的采购、编目、典藏、流通、检索等现代化集成管理。该系统是一种基于计算机网络，面向中小型图书馆的图书管理系统，可实现图书数据资源的共享。

4.2.3.2　国外图书馆集成系统

1994年以来，除少数高校图书馆和部分公共图书馆还在继续使用本馆自行研制的系统外，大部分图书馆引进了适合网络环境的、功能更齐备的图书馆自动化集成管理系统，经济实力雄厚的图书馆则瞄准国际上较先进的图书馆自动化集成管理系统。比如，用户数相对较多，且在系统功能、技术特点及数据处理等方面比较先进的MELINETS、DataTrans和博菲特系统。一些实力雄厚、知名度高的重点院校会选用国外系统，如UNICORN、INNOPAC等。

Follett（Destiny系统）、ProQuest/Ex Libris（Alma系统、Primo系统和Esploro）、OCLC（World Share Management Services和加强社区参与的图书馆

自动化产品 Wise）及 EBSCO（开源产品 FOLIO 图书馆服务平台和发现服务 EDS 产品）这样的大型公司，在产品市场上面对任何挑战者都具有强大的竞争力。SirsiDynix（BLUEcloud、Symphony 系统和 EOS.Web 系统）和 Innovative Interfaces 公司（Sierra 和 Polaris 系统）也继续保持和吸引不同类型的图书馆使用它们以图书馆集成系统为中心的、不断发展的产品组合。TIND 企业（TIND 图书馆集成系统）、The Library Corporation 公司（Library.Solution 系统）、Auto-Graphics 公司（VERSO 图书馆集成系统）、Book Systems 公司（Atriuum 系统）和 Biblionix 公司（Apollo 系统）等，也分别在图书馆集成系统市场上占有一席之地。

By Water Solutions 公司和 PTFS 欧洲公司为 Koha 图书馆集成系统和其他开源技术提供支持服务。Equinox Open Software Initiative 公司为 Evergreen 和 Koha 图书馆集成系统提供支持服务。

4.3 信息系统的建设

4.3.1 广度和深度

检索内容的广泛和专深是两种行为，在建设信息检索系统的时候，其原理和方法不同。对于检索来讲，两个方向的信息都是需要的，所以，一个检索系统应该提供两个方向的信息。

如果一个检索系统做不到两者兼顾，那么只能选择其中之一。

面向广泛的系统，上下五千年，东西两万里，面面俱到，什么都是宝贝，有就收，见就要，一切都要标记和处理。

面向专深的系统，只保留最新的、最有价值的、最获得认可的、最重要的、最核心的信息，系统中不停地删掉除此之外的一切信息。

4.3.2 按用户需求处理信息

基于技术条件和用户的各种需求，将信息纳入信息系统之中，实现信息的价值，满足用户的需求。技术条件和用户需求，是影响系统设计的两个重要因素。

过去的信息检索系统隶属于图书馆情报所，带有浓厚的管理信息系统的痕迹，一般从系统科学的角度，把自己的工作任务分解为战略规划任务、中层管理控制任务和底层一般作业任务。未来的智慧图书馆和智能信息检索系统乃至人工智能的信息检索，会加强信息检索的专门性，会以知识的创造、组织、生产、传播为主线去设计信息检索系统。

4.3.3　用户的检索特征

信息系统的设计要根据用户检索信息的模式开展，用户使用哪些模式，信息系统就要事先按这些模式准备好，届时，用户才能在信息系统里如鱼得水，才能使用自己的方式找到自己想找的信息。用户可能使用关键词的方式，或者使用短语的方式，或者分类一般浏览的方式检索信息，用户检索信息的方法决定了系统设计的方法。

一般而言，用户的搜索行为就是其学习的行为，以学习的特征来设计检索系统，是无比正确的。科研人员和普通学习者会按照其科研和学习的习惯进行检索活动，检索活动也就如同老师讲课、如同合作搞科研，按照人的认知和学习的方式进行。那么，设计和开发这种检索系统，尤其在人工智能时代，将变得可行。

这里，涉及对信息的处理、对用户的理解、对系统能力的建设，并且要让这三者有机结合起来。

具体而言，针对用户的提问，在检索页面立刻显示一个信息原文，自信、明确、大胆地给用户一个结果或者一组结果，不能和用户搞捉迷藏、搞神秘主义，无须对用户过度负责。先给用户一个明确回复。然后或者同时，考虑与用户交互，进一步确认、明确、质疑用户的提问。这是用户端的信息检索系统设计问题。在信息组织的一端，在处理文献信息时，要把信息的颗粒度降低到系统能够承担的最低限度。如今，最发达的人工智能系统，可能是知识颗粒度最小的系统，其他的信息检索系统量力而行，尽量把知识颗粒度降低，尽量操作一切层次上的知识、信息，从最小的层次（文献、篇章、段落、语句、词汇）到最大的层次（整个知识、学科知识、一类知识、全部文献知识），用机器和程序去推测不同层次的不同颗粒知识的脉络、倾向、结局，判断是补充关系、增补关系、修正关系还是继承关系，判断所有知识的时间序列及逻辑序列是什么，都处理清楚。在此基础上，给用户提供多个时段、多个维度、多个角度、多个立场、多个节点的不同信息，根据用户的反馈，按照用户的认知逻辑、学习逻辑和研究逻辑，进一步深入、提高、修正反馈的结果。这样的检索模型，将是实用的和受用户欢迎的。

用户至上，以用户为中心，应该是信息系统设计的一个总原则。注意通用设计原则，实现人人可用，残障人士也可以使用信息系统。注意多语言设计，至少保证实现多种语言界面的系统。虽然不能彻底改变信息原文的语言呈现方式，但是对于信息引导用语，可以做到让任何人使用母语和熟悉的语言来使用信息系统。

4.3.4　总体标准和具体样式

信息系统多由商业公司设计研发，为了自己的商业利益，商业公司不愿意向统一的标准迈进，都愿意自立门户，画地为牢，设立门槛，划分市场。信息系统必然各不相同，信息系统必然形成孤岛隔离的局面，给综合性的大规模的信息利用带来麻烦。

编目数据标准化十分重要，MARC数据作为编目数据的最基本格式要求，应该在一切系统上得到实现，在此基础上，寻求灵活补充和改变。

系统设计的底层逻辑，不同的公司及不同的机构可以不同，但在给用户展示方面，应该拥有某些大家共同遵守的共性要素，便于用户使用各种信息系统。

4.3.5　联合搜索

用一个搜索框在一个地方搜索一次，可以向多个数据库和检索系统发出检索请求，所有的检索结果返回给用户的时候，在一个页面上，是集成综合起来的。联合检索系统要求在各个独立的系统设计的时候，遵循共同的标准。不同的检索系统在数据组织和数据检索的细节方面可以各有千秋，但是要拥有共同的框架结构。Z39.50便是能够履行上述使命的协议。

4.3.6　集成搜索

过去，规范文档和规范控制，是提高检全率和检准率的重要手段。如今，需要集成化的方法才能提高，不是向少去求精，而是向多去求精。尤其是目前人工智能的时代，更是用更大的信息架构去处理更多的信息，以满足无限的需求。从检索点多少、编目条例有无到元数据和信息交互、语义网及自然语言处理，都不能应对今天的信息环境和信息检索需求，只有发展出大数据和大模型，以人工智能和集成搜索的方式来处理信息，才能满足需求。

4.3.7　智能检索

在人工智能和大数据技术下，信息检索能够详细描述一个信息在众多用户使用过程中的被利用信息，谁在利用、怎么利用，都可以记录下来。比如一些视频多媒体服务器终端备忘录系统，每隔3分钟就会自动保存日志记录，这些信息可以帮助给信息画像，给信息提供后续的源源不断的标注信息，便于把这些信息提供给正确的用户和正确的场景。

智能化信息检索系统可满足读者的个性化检索需求，分析隐藏的信息，让检索行为具有联想、比较、判断、推理、学习的能力，既能挖掘用户的实际需求，又能挖掘文本信息的知识要素，在用户和知识之间进行更好的匹配，从而提升检索的效果。

交互式信息检索，是实现检索智能化的重要手段之一。

过去，图书馆信息检索系统主要向用户提供文献信息。未来，更主要的方向是向用户提供数据信息和知识信息，并逐渐深入到信息的最底层单元，逐渐亲近用户的核心创新工作。

5　信息的形式描述

5.1　信息的形式描述概述

信息的形式描述，简称信息描述。信息描述原来在图书情报专业学科中属于独立的专业知识，后来被归并到信息组织中来。

5.1.1　什么是信息描述

信息描述是指根据信息组织和信息检索的需要，对信息资源的主题内容、形式特征、物质形态等方面的特征进行分析、选择、记录的活动。在传统文献的组织与检索中，信息描述被称为文献编目或著录。广义的信息描述包括信息标引，不仅包括对外部特征的揭示和描述，还包括对内容特征的揭示和描述；而狭义的信息描述仅包括对信息资源外部特征的揭示和描述。

信息描述的结果在传统文献编目或著录中一般称为款目。款目是指依据一定的规则和方法，对文献特征与编目工作所做的记录，是文献内容特征和外部特征的著录项目的聚合。而在现代信息描述中，其结果通常被称为记录。一条记录相当于手工编目中的一条款目，但记录所包含的内容更为丰富和复杂，在扩充"款目"信息的基础上，还增加了代码信息及计算机识别与处理的符号。

信息描述是信息组织的关键环节之一，无论是款目的形式，还是记录的形式，所形成的都是信息资源组织的基本单位。通过对信息资源内容特征和外部特征的揭示和描述，形成著录款目或记录，以款目或记录为基本单位构建起信息检索工具或信息检索系统。

档案履历表记载一个人的各种信息。每当升学、工作、入团、入党，每当一个人发生重大变化，到达新的工作和生活地点，首先要填一份表格，包含姓名、性别、年龄、民族、学历、籍贯等信息。这份表格的项目内容是预先设定的，能够概括一个人的基本特征。一旦某个人填好了，就成为一个具体人的描述信息。而那个还没被填写的空的表格，用信息组织的语言来讲叫元数据信息。

信息的形式特征描述原来也叫文献编目，主要记录以图书为主的文献载体外在的、不涉及具体学科内容和实际作用的描述特征。比如，上面的个人履历表，不涉及一个人的品行、能力、价值观和贡献等信息。

在描述一本图书的时候，一般用书名、责任者、出版社、出版时间、页码、外形尺寸等要素特征来描述。同样，这个描述大纲在手工编目状态叫款目格式信息，在机器编目状态叫元数据格式信息，将这个款目格式信息或者元数据格式信息填好之后，就代表一本具体的图书，是该图书具体的形式描述信息。

5.1.2　手工编目的通用款目概念

通用款目是手工编目时代的核心概念。面对一本书，通用款目是一名图书馆的编目员首先为其制作的信息描述产品，在此基础上，再形成各种其他类型的款目，满足不同的信息检索需求。

通用款目项目由著录正文、内容提要和排检项组成。通用款目是文献编目时，首先被编制的无标目的款目，也是编制各种款目的基础。其中，著录正文客观描述图书的形式特征；内容提要简介和评述图书主要内容；排检项用于制作著录标目，以确定款目在目录中的位置。

著录正文是首先完成的信息描述工作，主要对一本书的整体面貌予以完整描述。

内容提要一般取自原始文献，一些文献没有内容提要，或者该书的内容提要不符合文献编目的要求，这时候需要工作人员为其专门编写内容提要，体现了编目工作也要深入文献内部的工作性质。但是，绝大多数的编目工作，绝大多数的信息描述工作，不需要深入文献内部去领悟文献的具体学科内容和实际内容。

排检项是编目工作和信息描述工作的最后一环，是编目和信息描述的归宿和目的。排检项选取通用款目项目中利用率高、价值高的内容，优先提示给用户，作为未来信息检索和利用的重要依据和抓手。

具体而言，通用款目包括九大项：书名和责任者项、版本项、出版发行项、载体形态项、丛书项、附注项、标准书号及有关记载项、提要项、排检项。

书名和责任者项：书名是一个文献的最重要识别和揭示信息，代表一个著作的核心内容和重要关注点，如同人名对一个人的重要性，书名也是一本图书的重要识别和标识信息。责任者是文献内容的原创者，是最重要的贡献人，对该文献负最重要的责任。文献一经完成出版，便是凝固的，文献的作者却是活的，可以对原始文献进行最新的解释、修改乃至再创造，可以根据作者的后续学术和写作线索继续探究这方面的关联信息。所以，一本书的作者也是信息描述中特别需要仔细揭示和标识的信息内容。

版本项：绝大多数的作品并没有版本项，仅出版一次，并没第二次、第三次修订再版的机会。但对于一些使用范围广、需求大、内容发生变更的作品，间隔三年或五年乃至十年八年，会补充、修订一些内容，以原始名称，由原始作者或者增添新的作者再次出版。这样的著作就诞生了版本信息。拥有版本信息的文献，一般而言质量比较高、应用比较广。

出版发行项：出版社、新华书店是把作者手中的文稿印制成书，并通过自己的发行销售网络让用户买到和看到的机构。没有出版发行这种中介机构，作者和读者难以见面和沟通，知识难以传播和继承。出版发行机构，一般为公司性质的商业机构，这是知识传播流通领域中商业性浓郁的环节，知识的价值通过这个环节表现和实现出来。

载体形态项：指文献的物质外形特征。一本书，是精装还是平装，是大开本还是小开本，纸张特征是什么，多少页，部头大不大，有没有插图和表格，这些特征对于普通阅读未必重要。但是，对于特定文献，比如艺术类及技术类和工程类图书等，这些关于图书物质载体形态方面的详细描述，就显得很重要。

丛书项：某一具体单本著作，是某一套丛书的一个组成部分，把其从属的那套整体丛书标注出来，将单一作品放到一个更大的系列里面，将单一作品，融入一个更广的信息长河里面，扩展了一本书的价值，拓展了读者的检索范围。当然，不是每一种书都有丛书项。绝大多数图书是孤立的，缺乏归入某一个系列的机会和可能，其类似丛书的揭示功能要通过分类法的同类书排列来揭示和实现。

附注项：关于某一个著作需要说明的地方，都可以在这里表达。附注项可多可少，灵活多样，是代表一个编目机构水平和加工特色的主要地方，是一个信息描述机构的能力和力量运用得最灵活的地方。图书著录附注项包括如下几个方面：第一，主题附注。主题附注是对图书内容的概括和说明，通常采用简短的语句或关键词来表达。这些附注有助于读者了解图书的主要内容和主题，帮助读者快速找到自己感兴趣的图书。第二，作者附注。作者附注是对图书作者的介绍和说明，包括作者的姓名、出生日期、国籍、教育背景、主要作品等。这些信息有助于读者了解作者的背景和写作风格，从而更好地理解图书的内容。第三，出版附注。出版附注是对图书出版过程的说明，包括出版时间、出版社、版次、印刷次数、版权信息等。这些信息有助于读者了解图书的出版情况和版本信息。第四，装帧附注。装帧附注是对图书装帧形式的说明，包括图书的大小、开本、装帧形式、封面设计等。这些信息有助于读者了解图书的外观和设计风格。第五，收藏附注。收藏附注是对图书收藏信息的说明，包括图书馆、博物馆等机构的收藏信息，以及个人收藏者的收藏信息等。这些信息有助于读者了解图书的收藏情况和归属信息。第六，其他附注。除了以上常见的附注类型外，图书著录中还可能包括其他类型的附注，如对图书的评价、对作者的评论、对出版过程的描述等。这些附注有助于读者更全面地了解图书的情况和相关信息。

标准书号及有关记载项：标准书号（ISBN）由13位数字组成，分为5个部分，每部分以半字线隔开。具体包括以下五部分。第一，前缀号。沿用国际物品编码协会（EAN international）所分配的"978"作为图书的全球通用代码。当"978"为首的书号用完后，新书号将冠以"979"。第二，组区号。用以识别出版社所属的国家、语言、地域等。第三，出版者号。用以识别某一出版社。第四，出版序号。由出版社自行为新出版的书编配种次或版本。第五，校验码。用以核对书号是否正确。举例来说，如果一本书的ISBN为978-7-107-18091-0，前缀978代表这是一本国际标准书号的图书，后面的数字则代表地区和出版社的代码。例如，7代表中国，107代表人民教育出版社，18091代表这本书在人民教育出版社的书序号，0是校验码。因此，一本书的ISBN号可以帮助我们确定这本书的出版地区、出版社及具体的图书编码。

提要项：这是关于文献内容的介绍，一般由"本书主要研究（论述）了……，运用×××方法，总结了……，分析了……，得出了×××结论，对×××有×××作用"的格式书写而成，大致揭示了图书的核心主题内容、使用的研究方法、得出的核心结论、涉及的主题范围和适用的读者范围等内容。

排检项：信息描述和著录工作人员，从已经著录好的通用款目中选取任何认为可能被用作用户检索和利用信息线索的项目，予以单独揭示，作为检索点置于该通用款目的最下面，供后续工作时采纳使用。这是标引和著录工作的最后一个步骤。

5.1.3 描述级次

描述级次是指文献描述项目的详简程度。它以描述项目尤其是以作出的具体规定描述单元的详简程度划分。详简级次的区分要依据为主要项目和选择项目作出的具体规定。

主要项目包括：题名与责任说明项的正题名、第一责任说明；版本项的版本说明；文献特殊细节；出版发行项的出版地、出版者、出版日期；载体形态项的数量及特定文献类型标识、尺寸、附件；丛编项的丛编正题名、丛编编号、分丛编编号；重要的附注（如电子资源正题名来源附注）；标准编号。

选择项目包括：一般文献类型标识、并列题名、其他题名信息、其他责任说明；并列版本说明、与本版有关的责任说明、附加版本说明、附加版本说明的责任说明；印制地、印制者、印制日期；其他形态细节；丛编并列题名、丛编其他题名信息、丛编责任说明、丛编标准国际连续出版物号（international standard serial number，ISSN）；附注；获得方式项、限定使用的说明。

其中，简要级次描述全部主要项目；基本级次描述全部主要项目及部分选择项目；详细级次描述全部主要项目和全部选择项目。

5.1.4 通用款目的样式

通用款目的样式如下：

正题名=并列题名：副题名及说明题名的文字/第一责任者；其他责任者.—版次及其他版本形式/与本版有关的责任者.—出版发行地：出版发行者，出版发行日期（印刷地：印刷者，印刷日期）.—页数或卷（册）数：图；尺寸或开本+附件.—（丛书名/编者，国际标准连续出版物编号；丛书编号）.—附注.—国际文献标准书号：中国标准书号（装订）：获得方式

提要

Ⅰ.题名　Ⅱ.责任者　Ⅲ.主题词　Ⅴ.分类号

一个具体的通用款目如下：

红星照耀中国=西行漫记/埃德加·斯诺；李昕恬译.—海口：南海出版公司，2023.—402：图；24 cm.—ISBN：978-7-5735-0408-1

本书真实记录了埃德加·斯诺自1936年6月至1936年10月在中国西北革命根据地进行实地采访的所见所闻，报道了中国和中国工农红军及许多红军领袖、红军将领的情况。从多个方面展示中国共产党为民族解放而艰苦奋斗和牺

牲奉献的精神，瓦解了种种歪曲、丑化共产党的谣言。

5.2　元数据

5.2.1　网络信息资源的描述方法

图书馆、档案馆等机构已经有比较规范的信息描述规则和框架。这与馆藏资源的特点有关，它们一般都是规范出版的资源，具有严格的出版规则，而且在长期的信息组织和利用过程中，已经形成了一系列行之有效的描述方法。但在这些规范中，对不太常见的数字化实物馆藏、政府公文、企业数据等关注较少。因为这些资源一直以纸质资料或者实物形式存在，人们只是将它们看作企业、政府和其他组织在日常运营中产生并支持运营的文件而已。同时在传统馆藏资源描述中，对资源特征的关注多限于资源本身，例如，图书的书名、作者等数据项目，对其保存、管理及跟其他资源之间的联系揭示较少。但很多时候用户利用资源，既希望找到主要资源，也希望能够得到与其密切关联的其他资源，甚至需要对资源进行溯源。例如，查找鲁迅的某本书时，也希望获取关于这本书评论的相关资源。又如在查找政府公文的过程中，也希望获取关于此公文的审批流程的相关信息。在这种背景下，元数据的提出更具意义。

尽管"元数据"一词提出的时间不长，但图书管理员一直在传统文献信息资源描述工作中使用元数据。现在定义的"元数据"与图书馆工作中的"款目"实质上是相同的，只不过它是一种在电子环境中使用的描述数据。例如，款目上虽然没有采用"书名""作者"等明显标识来体现资源本身的特征类别，但是款目上各种字符串所代表的资源特征却一目了然。在特定的信息著录规范下，针对多个信息资源创建多个款目，实际上可以看成在创建一张电子表格，每一行对应一条款目记录，每一列对应一个著录项目（或称信息资源特征）。在一定条件下，这种数据可以看成结构化数据。计算机和数据库技术的快速发展，使得任何人以电子形式创建、维护结构化数据成为可能。

5.2.2　一本书的"履历表"——元数据著录实例

下面以美国图书馆学家 Arlene G. Taylor 所著的 *The Organization of Information* 一书为例，说明元数据描述的具体样式。

题名：信息组织（*The Organization of Information*）

创建者：Arlene G. Taylor

主题：信息管理；信息组织

描述：系统阐述了隐藏在各种环境下的信息组织实践背后的理论、原则、标准和工具，既包括分类、主题、编目、排架的原理与方法等内容，也加入了新的信息组织方法，如信息构建、知识管理、学科主题门户、语义网、信息组织系统和网络资源分类学的概念等。本书重点讨论了元数据的相关知识，元数据和编目的关系及各种类型的元数据，几种新的元数据的管理工具，并对元数据的深度描述、检索点和规范控制、新的元数据方案等予以阐述。为求全面、准确地把信息资源组织的理论和操作知识系统化地描述出来，使广大读者能对信息资源组织与管理的历史和现状、内容与对象、理论与实践有一个全面的了解和认识，本书每章后面都有大量的推荐读物，列举了最新的研究成果，书后附有术语表，是很好的教、学、研用书。

出版者：Libraries Unlimited

合著者：Daniel N. Joudrey

原始时间：2009年（出版发行时间）

数字化时间：2011年（数字化版本可用时间）

类型：包含图片

载体：2000000 bytes（文件体积）

数字化详细说明：扫描仪器：佳能扫描仪；扫描模式：普通扫描；操作系统：Windows XP；文字识别软件：汉王文本王文豪7600；存储设备：IBM磁盘阵列5000

资源标识符：http://……/isbn9781591587002

来源：出版社：Libraries Unlimited；载体项：512页，24 cm；中图分类号：G201；LC分类号：Z666.5.T392009；杜威分类号：025；ISBN：9781591587002；版本项：第三版

语言：EN

关系：信息组织（第三版）is version of信息组织（第二版）；信息组织（第三版，印刷版）has format信息组织（第三版，数字图片版）；信息组织（第三版，数字图片版）requires阅读器。

权限管理：受版权保护；版权持有者：Arlene G. Taylor；联系信息：School of Information Sciences，University of Pittsburgh，USA

贡献机构：数字化扫描机构：书同文公司；元数据著录机构：书同文公

司；质量控制机构：武汉大学图书馆；原始文献提供机构：武汉大学图书馆；数字资源保存机构：武汉大学图书馆，浙江大学图书馆；数字资源管理机构：浙江大学图书馆

5.2.3 元数据集包含的元素

元数据是对任何类型的信息资源的结构化描述，是书目著录的超集。元数据集包含3大类15小类。

（1）资源内容相关的元素。

题名：信息资源的名称。

主题：信息资源内容的主题词及分类号，这个标示单元将从受控词表或分类体系的标引结果中选取记录，是信息的内容描述结果，被记录在信息的形式描述的结果里。

描述：信息资源内容的文本说明，可以是来自信息原文的文摘、目录，也可以是来自编目员创造的关于该信息资源的文本说明。

来源：当前资源可能部分或全部源自的原始资源的相关信息，揭示信息资源的背景和来由，帮助用户扩展检索范围。

语种：信息资源知识内容的语种标识。

关联：相关信息资源与现有信息资源之间的关系，给用户推荐与本信息资源相关的信息资源，进一步帮助用户拓展检索范围。

覆盖范围：用于标识空间、时间，记录信息资源涉及的时间、地点信息，也是在帮助明确信息资源的整体范围。

（2）从知识产权角度看，与信息资源相关的元素。

创作者：创建信息资源知识内容的主要个人责任者或团体责任者的姓名（如作者、艺术家、作曲家等）。

出版者：使资源成为可以获得并可用的责任实体的名称（如出版社、大学或其中的院系、其他组织机构等）。

其他责任者：对资源的内容作出显著贡献，却不能放在创作者元素中的个人或团体的名称（如编辑者、插图者等）。

权限：有关信息资源本身的所有者或被赋予的权限的声明、链接或标识符（如资源的限制使用期、资源将被删除的时间等）。

（3）资源外部属性相关的元素。

日期：与信息资源生命周期中的一个重要事件相关的时间（如制作日期、

提供日期或修订日期）。

资源类型：描述信息资源内容一般属性的名称，也称文献类型，比如字典、百科、书目、技术报告、网页等类型标识。

格式：信息资源的物理或数字表现形式，如资源使用所需的软件、硬件等。

标识符：唯一标识资源的字符串或数字（如 URI、URL、DOI 或 ISBN）。

通过上述 3 类 15 个元素的描述，基本能从形式特征方面把一个具体的信息资源描述清楚、定位清楚、表达清楚。

这些描述标准是针对一般的、通用的信息资源而言的，而对于那些专门的、特定类型的信息资源，负责组织和管理各个专门的信息资源的机构专门制订针对本类型信息资源的元数据描述方案，以满足特定类型信息资源描述的需求。

5.3 信息描述的原因、作用和原则

5.3.1 信息描述的原因

对信息进行信息描述，旨在帮助用户查到需要的信息。原始信息卷帙浩繁，洋洋大观，一两本书，可以直接拿来看看，但是从百千万级别的原始文献中选择，要首先通过阅读原始文献的简单介绍性信息，在很短的时间里达到全部浏览的目的，帮助用户判断和决定大致的方向和范围，然后找到具体的信息原文，最后鉴别是否为用户所需要的。

5.3.2 信息描述的作用

识别。通过对信息资源的主题内容、形式特征、物质形态等进行描述，记录信息资源对象的各种基本特征，包括信息资源的题名、责任者、形式、状况等，帮助用户识别和区分不同类型的信息资源。

定位。通过对信息资源的特征进行描述，使用户能够确定所需信息的具体位置，提高信息可访问性和可用性。即确定资源的位置，以便访问使用。

检索。提供检索点，方便检索利用。传统系统一般需要确定检索点，组织相应的检索系统；在电子检索系统中，描述数据从理论上说都可以用来检索。通过对信息资源的描述，用户可以快速准确地找到所需信息，提高信息检索的

准确性和效率。

选择。通过对信息对象特征的记录，帮助用户判断信息资源的使用价值，让用户能够更好地了解和比较不同类型的信息资源，从而作出更明智的选择。

管理。可以帮助用户更好地管理和组织信息资源，提高信息利用的效率和效果。

总之，信息描述是改善用户发现、检索和使用信息的重要手段，是实现信息可访问性和可用性的重要途径。

5.3.3　信息描述的原则

第一，以用户为中心。以用户为中心来选择描述术语，选取用户经常使用的词汇作为信息描述的用语。以用户利用信息和检索信息资源的思路，来设计信息描述的整体框架。

第二，表达性强。描述信息清晰、明了，能够精确定位信息。

第三，描述的内容充分且必要，而不是面面俱到地描述一切。描述内容提供了服务目标涉及的足够多的信息，而不包含其他功能的无用信息，并排除一些无关紧要的描述信息。

第四，标准化。对复杂多样的信息表达形式，能归并的要归并，能抽象的要抽象；对相同信息的表达要统一。

第五，整合。对所有类型的信息尽可能使用相同的属性和术语，以便大规模整合不同的信息资源。

5.4　现代编目理论

说起现代编目理论的形成，不得不提到图书馆学家阮冈纳赞（S. R. Ranganathan）。他在文献编目领域的理论探讨和具体实践，使其在现代编目理论由规则型条例向原则型条例转变中贡献巨大。现代编目理论的变革起源于阮冈纳赞。

阮冈纳赞于 1931 年出版《图书馆学五定律》，1933 年出版《冒号分类法》，分别对图书馆学基础理论和现代分类理论作出巨大贡献。除此之外，这位终生勤奋的图书馆学家，还对文献编目等领域产生重要影响。

5.4.1 现代编目理论变革的背景

早期的编目条例，比如1841年英国潘尼兹（Antony Panizzi）编制的《英国博物院图书馆编目条例》，1853年美国杰维特（C. C. Jewett）编制的《杰维特规则》，1876年美国克特（C. A. Cutter）编制的《印刷本字典式目录规则》，以及1908年制定的《普鲁士条例》《英美条例》，1941年、1949年美国图书馆协会制定的编目条例，都不同程度地带有详细地为每一种文献形式特征作出具体著录规定的倾向，企图将一切描述著录情况都放进规则中，供图书馆员选择使用。其效果并不理想，难免有疏漏和前后规定矛盾等问题发生。这种情况很像当时用于文献内容描述的《杜威法》、《国会法》和《国际十进分类法》的情况，详尽无遗地列举文献有可能论及的一切主题概念，形成几万乃至十几万的等级化类目集合，供类分图书时从中选择使用。打破这种等级列举式传统的是阮冈纳赞的《冒号分类法》，他提出分析–综合理论，认为不必详尽列举所有主题，只列出类分文献的主题要素，分类时综合成所需类目。自1950年起，重订或新出现的分类法，无不受到阮冈纳赞分面分类理论的影响，并逐渐引起现代分类理论的变革——由等级列举式向分析综合式分类法转变。

分类与编目关系密切：编目依据著录条例描述文献的形式特征，分类依据分类法揭示文献的内容特征。阮冈纳赞认为，分类与编目对于任何图书馆来说，都是既有差异性又有关联性的过程，分类表达学科细分位置，显示图书在书架上的一个固定位置，而编目可以显示分类无法显示的著者、题名等检索途径。从本质上讲，分类与编目都履行充分向读者揭示文献的职能。这一点共性认识，促使阮冈纳赞在完成《冒号分类法》写作，引起分类理论变革以后，逐渐把精力转移到编目领域，以变革现代分类理论的思维模式和方法论，引起编目理论与实践的变革。

5.4.2 阮冈纳赞对现代编目理论的探讨

出版《冒号分类法》后，阮冈纳赞感到文献编目同分类一样重要。1934年他产生编制目录著录规则的初步想法，1935年正式出版《分类目录规则》。这部规则与分类无关，这里的分类目录与现在的含义不同，当时认为，编目虽然提供文献形式特征的检索途径，但是最终仍然要通过分类索书号找出所需文献，而且各种编目款目上都有分类号，所以将一切目录统称分类目录。

《分类目录规则》表现出独特的创新精神，使其成为最重要的编目条例之一。它分析印度及穆斯林人名的结构，提供了最准确的著录规范；它规定目录款目的物质形态和款目内部著录项目的排列次序，更加适合图书馆工作人员的著录及读者利用。规则还解决了单卷图书、专著、零散文献、多卷图书和期刊的编目问题，以及笔名责任者和机关团体责任者的编目问题。许多做法十分新颖、有效，致使在近30年之后出现的《英美编目条例》（第一版）完全采用了上述做法。《分类目录规则》除了像当时的许多编目规则一样逐条列举具体的著录细则以外，还规定了编目规则的一般结构形式，说明了目录的类型划分和各种目录的功能，并提出了新概念，发展了编目技术术语。后人评价该规则时认为，其他规则建立在实用性的习惯之上，而这部规则建立在一般原则之上。显示阮冈纳赞超出编目的具体操作，注重抽象编目原则探讨的端倪。

《分类目录规则》在具体编目实践中的应用，一方面有助于修改、丰富该规则，另一方面促使阮冈纳赞形成更加全面的编目原则和编目理论。这两方面的探索结果记录在1938年出版的《图书馆目录的理论》一书中。该书共列8条原则，分别如下：① 经济原则。以节省的方式处理编目问题，反对臃肿的规定，达到便于馆员工作和读者利用目录的目的。② 选择编目原则。图书馆不一定接受每一本书，不一定为接受的一切图书都编制目录，更不一定为显示在目录上的一切著录项目都编制出独立的款目。③ 一致性原则。目录最重要的特征是依据编目条例的规定进行描述，与编目条例保持一致；从另一个层次讲，编目条例本身应贯彻一致性原则，对相同情况的处理要前后保持一致。一致性原则是最重要的原则，任何条例都要严格遵守。④ 相关性原则。目录著录项目和款目结构要同目录的功能相关联。目录的功能要与读者的需求和图书馆的目标相关联，层层关联，建立起以实用性为基点的图书馆有机体系统。⑤ 准确性原则。款目上的著录信息必须准确无误。⑥ 稳定性原则。有些著录项目经常变化，比如外国人结婚后称谓的变化、机关团体更改名称等，编目员必须控制这些变化。按照该原则，选取最原始名称作标目，为以后一切新出现的名称作直接参照。⑦ 新颖性原则。与稳定性原则相反，选取最新名称作标目，要不断地为作废的旧名称作直接参照。⑧优先性原则。款目内各个著录单元的重要性不一样，对那些决定款目性质和款目排列位置的单元要优先倾注精力审慎斟酌，优先予以考虑。总之，阮冈纳赞在该书中不断指出，编目条例不能仅仅就事论事，不能仅仅列举编目中遇到的一切细节，而要让条例中的具体规定符合一定的抽象原则。这样，20世纪30年代阮冈纳赞产生了重视编目原则作用的编目思想。

应用《图书馆目录的理论》提出的观点，1955 年阮冈纳赞出版《标目与规则：五种条例的比较研究》，对当时世界上最主要的五种编目条例进行比较研究，它们包括：《美国图书馆协会著者和书名款目编目条例》、《分类目录规则》、《普鲁士条例》、《印刷本字典式目录规则》和《印本书目录规则》。这个比较研究不仅讲清了五种条例的优缺点，而且检验了他提出的编目理论。

5.4.3 阮冈纳赞编目理论在西方的影响

20 世纪四五十年代，以《美国图书馆协会编目规则》为代表的著录条例，惯于列举著录具体细节，忽视综合的抽象编目原则，使西方编目实践受到挫折，编目界纷纷陷入危机。如果说 20 世纪二三十年代，阮冈纳赞凭借其数学专业出身的远见和洞察力，提出重视编目原则的思想，那么到这时，编目原则成了编目实践中必须切实引起注意和加以认真解决的问题。时隔多年，阮冈纳赞的编目理论受到西方的普遍重视。

1941 年，奥斯本（Andrew D. Osborn）在《编目的危机》一文中针对美国图书馆协会编制的《著者、书名款目规则试用版》的不足之处指出，该条例企望为每一种具体的文献形式特征制定规则，结果条例异常繁杂。奥斯本尤其倡导实用性编目，认为编目是依据几条基本原则的艺术性活动，复杂的规则不如简单的原则更有用。所以，编目条例在制定著录规则的同时更需制定著录原则。

1953 年，柳别茨基（Seymour Lubetzky）在《编目的规则与原则》一书中针对美国图书馆协会编制的《美国图书馆协会著者和书名款目编目条例》的不足之处指出，该条例虽然概括出许多有效的编目原则，产生了用总则控制编目的思想，但是对自己概括出的编目原则总不"信任"，常在总则已规定具体做法的地方，重复平行地列举不必要的实际例子，觉得只有实例才具有编目约束力。这种做法就条例本身来讲不会产生矛盾和抵触的问题，但在实际应用中，属同一编目总则内的著录内容，一部分举出实际例子，另一部分没有举出，慢慢地会使著录产生不该有的差异，有产生矛盾和抵触问题的可能性。所以，该条例的编目原则没有建立在对大量文献实例细节特征详尽归纳综合的基础之上，是盲目的、感觉性的、非系统化的原则。柳别茨基指出，应该取消许多特殊的编目规则，以编目原则的系统性取代编目规则的完整性企图，使条例一贯地坚持编目基本原则，进而达到化难为易、化复杂为简洁的目的。

奥斯本和柳别茨基指出的情况，不仅表现在美国图书馆协会编制的条例上，而且到20世纪60年代已成了国际现象。为了解决这个问题，1961年召开了著名的巴黎国际编目原则大会，接受了柳别茨基的意见，达成国际范围的编目原则共识。可见，阮冈纳赞提出的编目理论产生了重大影响。

应该指出，阮冈纳赞20世纪30年代在《图书馆目录的理论》中列举的8条编目原则同奥斯本、柳别茨基20世纪四五十年代基于编目实践呼吁的编目原则不完全一样。前者是母原则，是指导后者编目原则的原则。比如"个人责任者名称取其最著名的惯用形式作标目"，这是后者形式的编目原则，这条编目原则体现前者关于编目一致性、稳定性的原则要求。所以，阮冈纳赞的8条编目原则促使人们思考编目理论的问题，是制定具体编目原则的基础，也是1961年巴黎国际编目原则大会的理论框架。

5.4.4　现代编目理论的形成

19世纪的编目条例，大多以编目家个人身份制定并命名，比如潘尼兹条例、杰维特规则及克特条例等。编目家个人能在自己的编目思想指导下，处理纷杂的著录问题，那时统一的编目原则并不显其重要。进入20世纪，各种类型文献数量急剧增加，文献形式特征日益复杂，制定编目条例变成了编目家的集体活动。如果仍然暗含编目原则，不将其预先明确，那么必然形成各人按不同的编目原则制定一部条例的局面，难免发生平行重复或矛盾抵触的问题。所以，20世纪中期产生了重视编目原则的思想。

根据19世纪及20世纪编目条例和编目实践，从中可以总结出两种编目理论：①规则条例。列举出有可能出现的各种类型文献的形式特征及针对这些被描述特征的著录规则。这种情况好像事情发生之后才作出具体规定一样，所以又叫事后规则。②原则条例。首先标识文献中各种文献形式特征的潜在含义，而不考虑这些特征所归属的实际例子；其次只规定处理这些特征的一般原则。这种情况好像在事情发生以前预先作出规定一样，所以又叫事前规则。

经过阮冈纳赞关于编目原则的探讨和奥斯本、柳别茨基对编目原则的呼吁，20世纪中期以后的编目理论不断从"规则条例"理论向"原则条例"理论转变，并且重视编目原则成为现代编目理论的主要特征。

现代编目理论使编目条例制定和编目实践摆脱"编目的危机"，走上正确轨道。以后制定的条例，注意按传统方式列举文献实例的同时都很重视编目原则的明确。比如《国际标准书目著录》的系列条例，首先制定总则，在总则指导下制定各个分则；《英美编目条例》（第2版）将总则和分则并于一起，更加紧凑直接；我国的文献著录条例采纳《国际标准书目著录》的做法，都比较注重编目原则的确定。

阮冈纳赞对编目领域的贡献受到世界范围的好评，曾参与《国际标准书目著录》制定工作并主编《英美编目条例》（第二版）的美国编目专家戈尔曼（Michael Gorman）列举了编目史上六位贡献最大的人，其中就包括阮冈纳赞。英国编目专家亨特（Erie J. Hunter）和贝克维尔（K. G. B. Bakewell）评论说，1961年巴黎国际编目原则大会、《英美编目条例》（第一、二版）及美国国会图书馆机读目录的成功都得益于阮冈纳赞的思想。这样，不仅现代分类理论的变革起源于阮冈纳赞，而且现代编目理论的变革也起源于阮冈纳赞这位图书馆学家。

5.5   在版编目和合作编目

5.5.1   图书在版编目（CIP）数据

图书在版编目（CIP）数据是指中国国家版本馆为在出版过程中的图书编制的书目数据。它需要依据相关的国家标准《信息与文献　资源描述》（GB/T 3792—2021）、《文献主题标引规则》（GB/T 3860—2009），以及《中国图书馆分类法》和《汉语主题词表》对图书进行著录、分类标引、主题标引。

图书在版编目（CIP）数据通常包含书名、作者、出版地、出版社、出版日期、ISBN等重要信息，它对图书的内容和形式特征进行了全面的描述和记录，以便于读者查阅和检索。

图书在版编目（CIP）数据，一般位于图书版本记录页的中上部，这是从几乎任何一本书那里随时可以直观看到的基本权威的信息描述结果。

5.5.2   合作编目工作的四个阶段

一种书一旦出版，至少要印刷数百数千册，收藏这些图书的机构必然成百上千。如果不同的图书收藏机构独自完成该图书的编目工作，从全国的角度，从一个地区的角度，乃至从整个世界的角度，必然浪费掉大量的劳动，必然使得很多人重复做相同的工作。

另外，即使是同一名工作人员对相同的图书使用相同的工作标准和规则，依然会造成描述得不尽相同的情况发生，造成未来利用和判定上的误会和麻烦。

为了减少人力资源的浪费，为了将相同信息资源描述得整齐划一，迫切需要建立合作编目、合作信息标引的工作机制。经过不同时期的发展，合作编目工作分为如下四个阶段。

第一，集中编目。由一个全国中心机构负责统一编制款目卡片，为多个文献情报单位提供书目信息。

第二，联合编目。一定范围内若干单位共同合作，共享成果。如1902年美国国会图书馆为弥补集中编目的不足，同几个政府图书馆合作共同分担编目工作。我国在20世纪90年代也出现了地区性联合编目中心。

第三，共享编目。集中编目和联合编目相结合，但仍未利用计算机网络。

第四，联机编目。由若干文献信息机构利用计算机网络共享联机编目工作，实现编目的计算机网络化。采用联机编目具有以下优点：促进文献编目标准化；加速编目流程，加快书目信息的存储和传递速度；充分履行目录的多功能检索职能，提高查全率和查准率，为编目工作的网络化提供条件。联机公共检索目录（online public access catalog, OPAC）是联机编目阶段的代表性成果。OPAC发端于美国大学和公共图书馆，是一种通过网络查询馆藏信息资源的联机检索系统，用户可以在任何地方查询各图书馆的OPAC资源。

5.6　信息资源的两种检索点和两种载体表达

信息为人所用，必然通过某种方式呈现出来。用户要使用信息，必然通过某个线索及抓手得到并利用信息。发现信息、使用信息，发挥信息的效用，这便是信息资源管理的全部内容。

5.6.1　别裁和互著

别裁和互著起源于汉代刘向、刘歆的校勘编书实践。

关于别裁，提出"辨章学术、考镜源流"的清代目录学家章学诚说："盖古人著书，有采取成说，袭用故事者。其所采之书，别有本旨，或历时已久，不知所出；又或所著之篇，于全书之内自为一类者，并得裁其篇章，补苴（jū）部次，别出门类，以辨著述源流。至其全书，篇次具存，无所更易，隶于本类，亦自两不相妨。盖权于宾主重轻之间，知其无庸互见者，而始有裁篇别出之法耳。"关于互著，章学诚在《校雠通义》中说："至理有互通，书有两用者，未尝不兼收并载，初不以重复为嫌，其于甲乙部次之下，但加互注，以便稽检而已。"

改变原来文献载体的完整性，抽出一部分内容，服务目的不同于原始文献，实现局部文献内容的最大化用途，发挥知识的更多价值。这种改变当然不是真的从载体形式上改变原始文献，而是使用抄写、复制的办法，或者通过引导、指示原始文献具体线索的办法，予以实现。

别裁和互著的方法，在古代类书及各种文集的编撰中尤其大量使用。古代类书如同今天的百科，从各种整本、整套书籍中摘录出一部分，重新按照类书或者文集自己的新体例编辑整理在一起。后世发现，某部原始书籍失传了，可是在类书或者文集中保留了遗失书籍的部分甚至全部。这样，使用别裁和互著方法编辑的类书和文集，不仅满足了对类书和文集的特定需求，还间接保存了古代文献。类书和文集为保存古代文化立下功劳，同时，别裁和互著也确立了在古代目录学中作为重要文献加工整理方法的地位。

别裁和互著也自然成为信息资源描述的重要著录描述的项目。

5.6.2　文献单元和知识单元

别裁和互著，用今天的专业语言讲，是信息组织、信息检索里的一对儿学科基本术语，即文献单元方式和知识单元方式。

信息组织和信息检索的基本单位分为文献单元方式和知识单元方式。有的信息组织和信息检索活动，针对整本书和整篇文章，不再进入书和文章的内部细节，属于文献单元方式。有的信息组织和信息检索活动，抛开整本书和整篇文章的物理载体单位，直接深入某一个段落、某一句话及某一个知识点，属于知识单元方式。

使用文献单元方式还是使用知识单元方式，甚至影响对信息数量测量的判断，影响对信息是否爆炸增长的判断。真正浩如烟海的是文献载体，以知识单元的方式衡量，知识的增长并没有那么迅猛。

5.6.3　分类法和主题法

文献单元方式和知识单元方式落实到情报检索语言上，分别对应分类法和主题法。具体来讲，分类法是文献单元的信息组织和信息检索工具，所以，分类法在图书馆能承担排架功能；主题法是知识单元的信息组织和信息检索工具，直达字、词、句，以及知识点、具体答案等。分类法擅长从学科角度集中文献，主题法擅长从事物角度集中文献。只有分类法，没有主题法，影响"细"粒度知识的发现和利用；只有主题法，没有分类法，不仅影响"粗"粒度知识的应用，而且会使主要面向"细"粒度的主题法成为空中楼阁和无本之木，进而找不到原始信息。分类法和主题法是辩证统一的关系，是互相补充的关系。它们要共献于信息描述之中。

5.6.4　开放科学和"封闭"科学

2014年前后，开放科学的概念在西方主要国家兴起，随后形成各种开放基础设施和平台，付诸一些具体的实践。开放科学运动克服现今和过去的"封闭"科学模式，体现"参与、包容、分享、合作、公开、透明"的理念，促使科研范式发生深刻变革，对经济和社会发展产生重大影响。与开放科学相匹配，纳米出版物的概念也被发明出来，主要指针对知识单元依照语义网层面的发布活动。

与开放科学相反，科研人员从属于一个机构，发表论文要找期刊社，出版书籍要到出版社，谁要看期刊文章或者看本书，需要通过机构付费或者个人付费的方式才可以实现，知识被限制在固定的学术、教育以及政府机构里运行，数千年来，尤其是近现代社会的科学事业，可谓"封闭"。种种"封闭"行为，是开放科学所不齿和不愿的。于是，开放科学成为近年中国国家社科基金的研究话题，也成为近十年来图书情报研究的热点。

其实，被诟病的"封闭"科学运营和发展了数千年。然而，一切知识和科技，都是致力于并最后实现共享共知的，经过某些环节的控制和管理，使其有序化、通道化，其本质还是追求传播、交流、公开、开放。所谓开放科学，不过是把某些"封闭"科学的控制环节拆掉，却又增添了许多技术方面的及标准管理方面的限制因素，世界上并无绝对的开放和绝对的自由。

所以，无须夸大开放科学模式，它是遥远的未来，可以理论探讨它，可以研究它，在可以利用和适宜利用的领域大力实现它。在一个可预料的应该比较长的时期里，"封闭"科学依然在、继续在。

信息描述的深入迅捷，检索利用的方便灵活，这种技术条件和技术环境的变革，不是开放科学打败"封闭"科学的标志。

5.6.5　电子资源和物化资源

数千年来的文献都是直观的，看得见、摸得着的。然而，自计算机诞生以来，尤其自网络介入并主宰人类生活以来，文化活动、科研活动和信息交流活动发生了真正的翻天覆地的变化，人们再也不能直观地看，再也不能直观地摸文献信息的载体了。现在的很多信息资源，是数字化的"0"和"1"，离开电源、计算机、网络和屏幕，等同于无。世界巨变，中国巨变，百年未有之大变局，对于图书情报事业和信息交流活动而言，其实是数千年未有之大变局。

古人认为，纸张书籍，天灾人祸，乱世浩劫，或将不存。刻于石上，可保长久。于是，在拥有纸张和印刷术的情况下，中国古代依然大规模石刻文字。比如，北京房山，一些佛经刻于石上，称为石经；北京孔庙，存放石刻的十三经，亦称"乾隆石经"。

驻足于蔚为壮观、一眼望不到边的北京房山石经山洞及北京孔庙十三经石刻陈列馆，感叹前人智慧，启发后人深思——对于数字的资源，依然使用数字的方式，无论采取多么强大的备份和容灾措施，都是应该的。

一部分数字信息已经拥有脱离机器的实物形式，另一部分数字信息没有脱离机器的实物形式。把数字信息物化输出，把数字资源移出、物化，成为纸张上的资源，成为实物的资源。这种移出不应该是计算机和打印机的关系，也许要在机器里重组形成新框架，输出新形态，也许是不同于图书馆馆藏、不同于现今的出版物……研究输出物的整合、展示及利用保存，探讨处理哪些类型的哪些资源，以及这些新型资源如何组织、如何收藏、如何利用，或许是未来信息资源描述的重要探讨话题。双重资源，各自独立，互为表里，或许是未来信息资源管理的标准模式和基础模式。

5.6.6 信息形式描述的融合特征

自古以来，信息资源就存在两种形式：一种以一类书、一本书、一期杂志、一篇文章为单位，另一种以一类书的某一本、某本书的某一章某一节某一段某一句话、一本杂志的某篇文章、某篇文章的某个段落及知识点和字句等为单位。总体而言，就是概括为文献单元方式和知识单元方式。文献单元方式比较强调信息载体的完整性和独立性；相对而言，知识单元方式基本不考虑载体形式，仅仅以知识的实际内涵为依据。这两种方式是辩证统一的，知识单元离不开文献载体，文献载体不可能没有知识单元，两者之间既有区别，又有联系，两者相辅相成，不是互相对立否定的，不是水火不容的。从历史的角度研究问题，不要动辄说某一种事物一无是处，将要消失，另一种事物完美无缺，将取代一切，这种绝对化的倾向、绝对化的研究问题的方法论是错误的。

美国兰卡斯特 （Lancaster）"无纸化社会"的命题，再也不要出现了。即使如其预言真的"无纸"，数千年"有纸"的历史也属于人类社会。"无纸化社会" 的说法是错误的。

不要说分类法不好，用主题法取代，也不要说主题法不好，转换为分类法；不要说"封闭"科学不好，以后都改为开放科学，也不要说"封闭"科学好，永远不尝试开放科学。变换研究专业问题的世界观和方法论，更加科学和客观，尽量脱离谬误和主观，更加辩证和统一，尽量离开孤立和呆板，以使对专业学术问题的研究，经受得住历史的检验，经受得住实践的检验。以科学的方法论研究未来的信息资源描述问题，让信息资源描述为信息组织和信息检索作出更大的贡献。

6 信息的内容描述——主题法

6.1 主题法概述

6.1.1 主题法举例

每个人都拥有名字，这是最简洁精练的表达和代表自己的方式。同理，给信息资源起个名字，用一个词或者几个词代表那个信息资源，也是对信息的内容进行描述的最简单明了的方法。

只不过，这个词不能随便选取。图书馆学专业人员，征询各学科专业人员的意见，对每一个学科专业，都确定几十个、几百个甚至几千个核心词汇，只在这个事先确定好的词汇集合中选取能代表和表达相应信息资源内容的描述结果。

这种表达和代替原始信息资源的方法，就是主题法。主题法也叫叙词法。

6.1.2 主题法能帮助测量知识单元

主题法在测量知识中发挥作用，也能得到相应的应用，测量同一时期各门不同学科的知识量，进而根据知识量排定各个学科的地位，这需要找到定量化描述各学科知识的标准。

显然，用文献量来说明各学科的知识量不太恰当，而用分类法类目数量来说明各门类学科的知识量又太笼统，这时提出新的测量知识的指标体系——知识单元。知识单元是构成学科知识的最小单位，主要指概念。列宁说："自然科学的成果是概念。"除了概念形式的知识单元外，还包括概念的关系形式和组合形式，即规律、理论等两个方面，它们具有整体不可分性，在某一学科中是类似概念一样的基本知识单元。知识单元还包括方法，方法是发展知识的知识，在学科发展中也很重要。当以知识单元为测量的指标体系计量出一门学科的概念、规律、理论和方法的具体数量时，便完成了对该学科知识的测量。假如数学科学有300个概念、500个规律、700种理论和10种研究方法，而物理科学有20个概念、40个规律、600种理论和7种研究方法，那么可以说数学的知识量比物理学的知识量大，进而认为数学的学科地位高于物理学的学科地位。

根据国家标准《学科分类与代码》（GB/T 13745—2009）的划分，一级学科62个，二级学科676个，三级学科2382个，学科总数为3120个。如此众多的学科，应用知识单元作指标体系进行知识测量，其工作量无疑将无比巨大，况且这仅仅反映阶段性的知识测量结果，欲保持新颖性需针对具体学科跟踪测量，其工作量更加巨大，这促使人们思考如何操作该指标体系的问题。

因为主题词表的主题词很大程度反映各学科的概念、规律和理论等知识单元，所以各种主题词表可以帮助这方面的工作，达到简化知识测量的目的。我国已有《新闻主题词表》《生物学主题词表》《光学主题词表》《稀土主题词表》《计算机科技英语主题词表》《航空航天主题词表》《机械工业主题词表》等一系列专业主题词表。另外，我国正大力倡导国产数据库建设，在建设专业文献数据库中一般同时形成该专业的主题词表。加上不断更新续编的综合性大型主题词表《汉语主题词表》，会有更加巨大的贡献。总之，逐渐发展完善起来的门类齐全的主题词表体系使各学科知识的测量变得容易操作，也会大大方便测量工作。

当然，主题词表的主题词并不完全与概念、规律等知识单元一致。主题词表收入大量人名、机构名、事物名称，以及时间、地点因素的主题词；不具检索、标引价值的学科概念不收录；根据文献保证、用户保证等原则取舍主题词。凡此种种因素使主题词偏离测量知识所用的概念、理论等知识单元的内涵，但是从整体上讲，以揭示知识内容为特征的主题词与其所归属学科的知识单元之间有相当程度的一致性，可以近似用于知识测量。

对各学科知识的并行测量具有重要意义，能够定量而又科学地测定各学科知识量，服务于学科地位的排定。

6.2 主题法样例

6.2.1 一个主题词举例

航空母舰

分类号：U674.771

英文：aircraft carrier

同义词：航母

上位词：水面战斗舰艇

下位词：常规动力航母

反潜航母

攻击航母

核动力航母

护航航母

轻型航母

超级航母

相关词：舰载飞机

族首词：舰船

6.2.2 《汉语主题词表》（工程技术卷）

下面展示《汉语主题词表》（工程技术卷）的一个片段，这是主表（也称字顺表）的基本样式。

电击（停用词汇）

Y 电击事故（实际使用词汇）

电击事故（主题词）

Electroshock（主题词的英文）

TM0:X928（该主题词在分类体系中的所属分类号）

D 电击（"电击事故"代替了的词汇）

S 用电事故（"电击事故"的上位词）

F 触电（"电击事故"的下位词共两个）

电伤事故

Z事故（"电击事故"的族首词）

电极

electrode

TG4:TM91:TNI

  D电极系统

    电极形式

  F氢气敏电极

    钛/二氧化钛电极

  C电弧

    电极板

    电极调节

    电极加工

    电极浆料

    电极结构

    电极缺陷

    电极设计

    电极性能

    极距

电极板*

plate electrode

TF3

  D极板

  F收尘极板

  C电极

电极生物法

bio-electrode

X703

  S厌氧–好氧脱氮工艺

  Z脱除

电极生物膜法

biofilm-electrode process

X703

D电极–生物膜法

  生物膜电极

  生物膜电极法

S生物膜法

Z污水生物处理

电极–生物膜法

  Y电极生物膜法

电极系统

  Y电极

电极形式

  Y电极

电解*

electrolysis

O6:TQ15

  D电解处理

    电解处理法

    电解法

    电解法处理

    电解工艺

    电解过程

    电解技术

    电解系统

    废水电解处理法

    高电流密度电解

    固态电解

  F催化铁内电解

    电解催化氧化

    电解氧化法

定电位电解法

接触辉光放电电解

脉冲倒极电解

膜电解法

三维电极电解法

酸析–内电解

铁促电解

铁炭内电解

铁屑内电解

微电解

C 电池

电解参数

电解电容器

电解金属

电解清洗

电解液温度

电解质

二氧化锰电极

流精

电解处理

　Y 电解

电解处理法

　Y 电解

电解催化

　Y 电解催化氧化

电解催化氧化

catalytic and oxidative electrolysis

technology

X13

　D 催化电解氧化

　　电解屋化

　S 电解*

电解法

　Y 电解

电解法处理

　Y 电解

电解反应器

electrolytic reactor

X703.3

　D 微电解反应器

　S 电化学反应器

　Z 反应装置

电解防污

electrolysis anti-fouling

X505

　S 污染防治*

电解废水

electrolytic waste water

TQ15:X781

　S 工业废水

　F 电解钴废水

　　电解锰废水

　　电解镍废水

　Z 废水

电解浮上法

Y 电解气浮

电解浮选
　　Y 电解气浮

电解工艺
　　Y 电解

电解钴废水
cobalt electrolytic wastewater
TQ15:X781
　　S 电解废水
　　Z 废水

电解过程
　　Y 电解

电解技术
　　Y 电解

电解净化
　　Y 电化学净化

电解锰废水
effluence of electrolytic manganese
TQ15:X781
　　S 电解废水
　　Z 废水

电解气浮

electrolytic floatation
X781
　　D 电解浮上法
　　　　电解浮选
　　　　电解–气浮法
　　S 电气浮
　　Z 气浮

电解–气浮法
　　Y 电解气浮

电解气浮装置
　　Y 气浮装置

电解铜废液
　　Y 铜电解液

电解脱色
electrolytic decoloring
X788
　　S 脱色
　　Z 脱除
电解系统
　　Y 电解

电解絮凝
electrolytic flocculation
X781
　　S 电化学絮凝

6.3　主题法的结构和选词范围

6.3.1　《汉语主题词表》的结构

《汉语主题词表》由四部分组成，分别是字顺表、英汉对照索引、范畴索引和词族索引。

（1）字顺表。

字顺表的构成部分：① 普通叙词：表示各种事物及其各种属性的名词术语，表达集合概念或普通概念，是主表的核心。② 专有叙词：表达某一特定事物的专有名词，是专有叙词表的核心。③ 主表：全部叙词款目和非叙词款目按照字顺排列的词汇表，最全面地反映词间关系，被确定为词表的主体部分，是标引和检索的主要依据。④ 专有叙词表：专有叙词表的范围很广，词表编制中需特殊处理的专有叙词一般包括人名、地名、机构名、产品型号等。包括四个部分：世界各国政区名称、组织机构名称、自然地理区划名称、人名。⑤ 主表和专有叙词表都以字顺排列，合称字顺表。⑥ 表外控制问题：专有叙词不在主表或专有叙词表中显示，标引和检索时选用若干种权威性的工具书作为表外受控词的选取依据。

（2）英汉对照索引。

英汉对照索引能够起到的作用包括：① 用汉语叙词标引英文文献；② 英汉术语辞典。

（3）范畴索引。

范畴索引是重要的辅助索引。它是按照叙词所属学科或范畴分成若干大类，在大类之下再分成若干小类，小类之下将叙词按照字顺排列，形成类似体系分类表的概念分类系统。随着修订和改造的主题词表逐渐引入《中国图书馆分类法》的分类体系，专门范畴索引的功能逐渐让渡给传统且通用的分类法。

范畴索引的用途：① 有利于用户从学科或范畴的角度查词；② 有助于词表的编制工作和管理工作。

建立范畴索引的原则和方法：① 原则：内容广泛、专业分支复杂、现实性强的学科，其类目设置和划分要求多一些、细一些。如果主题词数量多，要求对容纳这些主题词的类目设置得细一些。如果主题词反映的学科内容比较重要，或者主题词揭示图书资料的使用频次高，即使这些主题词的数量少，也要设类。② 方法：范畴索引类目一般只分到二级，综合性叙词表范围较广，可分到三级。

主题词在范畴体系中的归类：① 一个词入一类；② 一个词入多个类。

（4）词族索引。

词族指具有同义、属分和相关等语义关系的一组主题词。它汇集了具有纵向、横向语义关系的主题词，是网罗词汇比较广泛的索引。

族首词（top term）是处于属分关系的最高位置的词。它外延最大，内涵最小；只有"F"项参照，而无"S"项参照。

词族索引是将族首词按照字顺顺序排列起来，形成的查找主题词的索引。词族索引与范畴索引不同，两者对主题词的排列、组织方式正好相反。需要注意的是，并不是每一个叙词都可以归入某一个范畴。同理，词族索引也不会容纳一切叙词。

词族索引的功能：① 从词族角度查词；② 限定词义；③ 扩大与缩小检索范围。

6.3.2 《汉语主题词表》的选词范围

从词汇的抽象来源角度，将在如下方面选择主题词。

具有检索意义的事物名称、术语均可选定为主题词。第一，各学科门类的名词术语，如"哲学、化学、物理学、心理学"。第二，表示事物及其研究对象的名词术语，如"商品、航天器、飞机、坦克"。第三，表示事物性质的词语，如"思想性、强度、稳定性"。第四，表示事物的过程、现象、状态的名词术语，如"交换、流通、温度、疲劳、固体"。第五，表示事物的理论、定律、学说的名词术语，如"认识论、辩证唯物主义、牛顿定律"。第六，表示事物的工作方法、研究方法的名词术语，如"化学分析、心理测验、高空模拟"。第七，表示事物的工艺，如"锻造、焊接、切割、热处理"。第八，表示事物的专有名词，表达地区的有"亚洲、非洲、海南岛"，表达国家的有"中国、朝鲜、美国"，表达时代的有"唐代、清代"，表达名称的有"北京师范大学、UNESCO"。第九，各学科共同使用的一般概念，如"调查、研究、方法、材料"。第十，文献资料的形式，如"辞典、字典、会议录"。一部主题词表将在这 10 个方面选择词汇。

从词汇的具体来源角度，将在如下方面选择主题词。

第一，已经出版的相关专业的叙词表。某一领域已经在实践中运行叙词表，这些已经成熟的成果，参考借鉴的价值最大。如果编辑综合型的叙词表，首先要在各个专业领域寻找一切能够寻找到的专业主题词表，积极吸纳进来，作为最基础的词汇成分，率先选作叙词。

第二，科技名词术语。全国科学技术名词审定委员会，是国务院授权，代表国家审定、公布科技名词的权威机构。过去以印刷版为主，现在定期在网上发布规范化的名词术语，这是主题词表基础词库选词的重要术语资源。

第三，国家标准相关术语。国家标准一般首先明确这一领域的核心词汇和术语，行业标准也公布大量术语，这也是叙词表的基础词库的主要收词对象。

第四，词典。词典包括综合型词典和专业型词典，词典的术语和词汇基本都要收入。由于词典不排除同义词，要对这些同义词进行比较，最终确定使用词汇。

第五，百科全书。百科全书是行业最高水平的人士所撰写，表达该行业的核心问题，其中涉及的名词术语，是主题词表收词的重点领域。

第六，关键词。各种文献的高频词汇，尤其是那些在该专业内出现频率高，而在其他专业内出现频率低的词汇，恰恰代表该专业领域的核心主题词，是主题词表收词的重点范围。

第七，用户检索词。主题词表不仅表达文献主题，也要表达用户检索的主题，用户大量反复使用的词汇，也是主题词表的收词范围。

第八，重点文献分词结果。各个领域都有自己的核心图书和代表著作，重点分析这类文献，从这些文献里面找到重点词汇，融入主题词表中，是建设主题词表的重要手段。

第九，科研人员积累的词汇和术语。在建设主题词表的时候，一方面，要密切接触用户，另一方面，还要密切接触科研人员；不仅要接触信息资源的利用者，还要接触信息资源的生产者，使得编制的主题词表获得积极的效果。

6.4 兼容问题

6.4.1 编制兼容型情报检索语言的原因

第一，从一个文献情报机构的角度考察。

分类标引和主题标引是最广泛的和最有效的标引形式，很长一段时间都把分类工作与主题工作区别开来，各行其道。

体现在具体工作上，一般把分类工作和主题工作当作两道工序，分别完成。比如，一个大型图书馆会由七八名工作人员负责分类工作，分类结束后，再由另外一些人员完成主题标引工作。

分类和主题都是从文献的内容角度分析的，都是对文献作主题内容分析，区别仅仅表现在分析后的结果，一种用学科体系的方式予以组织（分类法），另一种用名词术语的形式予以组织（主题法）。

使用两套人马对同一种文献资料作两次内容分析，其劣势在于工作效率低下，同时没有使人力资源得到充分合理的利用。应该经过一次主题内容分析，形成两种标引结果。

一旦在实际工作中产生需求，必然要求用于分类标引和主题标引的情报检索语言作相应的调整，将两种标引工具从物质形态上合并起来，有利于分类标引和主题标引的一体化操作。

第二，从多个文献情报机构的角度考察。

文献情报机构虽然从事相同的工作，但它们往往属于不同的系统。比如教育、科研、公共等分别拥有自己的文献情报机构，这些机构成立的时间不同，履行的任务和职责不同，因而经常使用不同的情报检索语言来组织本单位的文献资料。

为了使在不同情况下建立起来的情报系统能够统一和协调运行，最理想的是使这些情报系统使用在词汇、词义和语法等方面能够兼容互换的情报检索语言。这样，所有的情报检索系统都能够使用近似的情报检索语言存储与检索，同时也方便了用户从一个系统进入另一个系统。这样改进的意义在于，它在保证信息资源高效检索的基础上最大限度地节省了用户的时间。

6.4.2 《中国分类主题词表》的对应转换

分类号–主题词对应表的样例：

R 1　预防医学、卫生学 　　公共卫生学、社会医学、卫生经济学入此	预防医学；卫生学；公共卫生学；社会医学；卫生经济学；卫生工作；清洁卫生
B 842.6　情绪与情感	情绪；情感……自我刺激
B 234　汉代哲学	哲学—中国—汉代
TG 156.2　退火	退火；粗晶化退火；等温退火……
U 448　各种桥梁	桥梁，各种△
TS 207　食品法规、标准与检验 　　　　参见 R155.5	食品—法规；食品标准；食品检验 　　注：参见 R155.5 对应的主题词
TS 201.3　食品微生物学	食品—微生物学；食品败坏—微生物； 食品—病源；食品—发酵
[TH–9]　机械、仪表工业经济 　　　　宜入 F 407.4	[机械工业—重工业经济]；[仪表工业—重工业经济] 　　注：见 F 407.4 对应的主题词

这种词表，从分类法角度讲，全面罗列分类法类目包含的主题词；从主题法角度讲，把属于某一类目的主题词归入该类目。

主题词-分类号对应表的样例：

八路军	E 297.3	年龄差异	B 844
D 国民革命军第八路军		D 年龄特征	
. 八路军一二九师			
. 八路军一二〇师		月掩星：恒星	P 125.3+1
. 八路军一一五师			
C 新四军		语音，汉语	H 11
C 中国工农红军			
C 中国人民解放军		星系—天文学	P 15；P 152
农业科学	S ①		
人口调查—中国	C 924.25③	歌曲—中国—民族	J 642.21⑥
定员	F 241.1		
C 劳动管理			

这种词表，从主题法的角度，指明它的学科属性，引到另外一种范畴；从分类法的角度，找出该分类体系之中的一个元素，实化某一分类类目。

6.4.3 《汉语主题词表》与《美国国会图书馆标题词表》对应转换

互联网和联机检索技术允许我们在国内查找美国图书馆目录和其他类型的文献资料数据库。如果采用主题法语言进行检索，需要用户熟悉《美国国会图书馆标题词表》（简称《LCSH》）。但是语言差异影响中国用户掌握《LCSH》的特点、结构和性能。建立《汉语主题词表》（简称《汉表》）与《LCSH》的词汇等价一一对应转换关系，可以达到通过《汉表》检索美国用《LCSH》标引的文献资源的目的。

第一，两种词表对应转换的可行性分析。

中美两国主题词表的对应转换，如同两种语言的翻译工作。英语的任何意义都能在汉语中找到相符合的表达方式，汉语中的任何意义也都能在英语中找到，使英汉可以互译。同理，在主题词表的对应转换中，如果甲词表中任何主题概念都可以在乙词表中找到与之一致的概念，乙词表中任何主题概念也都可以在甲词表中找到内涵和外延完全一致的概念，那么，甲、乙两种词表的主题重合程度达到最大值，甲、乙词表很容易进行对应转换。

影响词表主题重合程度的因素包括两个方面：一是词汇总量；二是词汇先组程度。主题型情报检索语言以具体事物作标引和检索的依据，决定主题词表收录的词汇，或者代表具体事物，或者代表能够组配成为具体事物的组成要素。因为世界上的事物列举不尽，所以一方面代表具体事物的专指词汇数量要控制在一定水平上（先组词要控制），另一方面要充分列举代表具体事物组成要素的词汇（后组词要充分），以便需要时可以组合成无穷多的具体事物。总之，任何词表的词汇都分为这两种类型，这两种类型词汇的总和数称作词表的词汇总量，这两种类型词汇数量的比例称作词表的词汇先组程度（或称后组程度）。假如两种词表收录词汇总量一致且词汇先组程度比较接近，那么，它们必然有很高的主题重合程度，进而容易对应转换。

《LCSH》第十七版共有近20万个标题词，新版《汉表》已有18万个叙词，两者的词汇总量接近，满足第一个条件。从理论上讲，《LCSH》标题词型主题语言收录大量复合词和词组，先组程度会超过《汉表》这种叙词型主题语言。但是，我国在编制《汉表》时考虑手工标引、检索的现状，不宜加大依赖机器自动组配的单元叙词数目，而且《汉表》收录了很多复合词，比如整体-部分式及行为-受体式复合词随处可见，使它成为先组词占60.6%的叙词表。两者的先组程度接近，满足第二个条件。这样，两种词表的主题重合程度较高，具有对应转换的基础。

词汇是词表的基本部件单位，标引时要将这些词按照一定次序组织起来，表达文献所论述的主题内容，这涉及词汇的句法结构，即组配次序问题。组配次序类似语言学中的语法，它是词汇结合起来，传达完整意义的规则。《LCSH》的组配次序有两种：① 地名—论题—时代—形式；② 论题—地名—时代—形式。《汉表》的组配次序，根据刘湘生的表述为：主体面—通用面—位置面—时间面—文献类型面。可见，两种词表词汇的组配次序基本一致。对应转换的词汇经过相同的组配次序必然传达相同的意义。

所以，两种词表因词汇的一致性，使对应转换具有可能性；词汇组配次序的一致性，使词汇传达的意义不失真，对应转换能够收到预期的效果。

第二，两种词表对应转换的模式与问题分析。

从过去一体化兼容的实践来看，两种情报检索语言的兼容依据主要分为三种。其一，基于情报检索语言词汇含义的对应方式。这种方法充分分析不同检索语言的词汇含义，将符合条件的词汇无遗漏地对应给另一种情报检索语言。具体划分为：① 完全对应，实现两种语言的最佳结合。② 增词对应，将一种主题系统灵活处理，补充缺失的语义单元，满足另外一种语言的要求。③ 上位对应，用宽泛的词汇对应包容含义狭窄的词汇。④ 组配对应，与上位对应相反，借助两个含义宽泛的概念的交叉关系，用组配形成的新意义，对应给另一个情报检索语言的词汇。其二，基于文献标引结果的对应方式。这种对应方式的基本原理很简单，假如标引词A标引文献X，标引词B也标引文献X，那么不管A与B在内涵与外延、形式与内容或方式与方法上有多么大的差异，从标引指代共同文献X的角度讲，A与B是等同的，而相等的情报检索语言可以对应转换。其三，虚拟对应方式。这是第二种对应方式的延伸，它以一种情报检索语言为媒介，虚拟出采用其标引将可能包容的文献资料，然后对这些文献资料用另外一种情报检索语言主题标引，再把主题标引的结果对应给前面的词表。

实际工作中，主要采用第一种兼容依据，根据图书馆学范畴的词汇试验，总结成如下五种对应转换模式：

其一，分拆多级标题。在主标题、副标题和三级标题的链列中拆取一部分，对应给《汉表》叙词。比如"儿童文学"用第三级标题"Juvenile literature"对应它。

儿童文学　Sick　children-recreation-juvenile　literature

其二，标题画线法。如同图书馆以通用款目编目的做法，在复合标题某一单元要素上画线，对应《汉表》叙词。

成人教育　Libraries and adult education

上述两种对应模式虽然可行，但是都存在一定问题。很明显，在《汉表》叙词后对应的不是《LCSH》标题的完整形式，不是正式标题和主要检索入口，这会给文献检索带来噪声。

其三，恰准对应。显示两种情报检索语言在语义上的完全一致。

藏书建设　Collection　development

剪报资料　Clippings(Books, Newspaper, et.)

重新编目　Recataloging

其四，近似对应。如同靠词标引，中美两国因语言差异，相同概念的表述方式微有差异，可以进行近似对应。

图书登记　Library　stamps

图书馆行政　Libraries and Labor

阅读辅导　Story-telling/in　libraries

其五，通过叙词组配成标题的含义。这种模式使用比较广泛。

藏书：原稿　Library　handwriting

编目—中文—文献　Cataloging of Chinese literal

期刊—图书馆工作　Serials control systems

上述主要从图书馆学词汇的语义方面进行对应转换，如果向社会科学其他领域拓展，会发现由于中美两国文化传统、政治环境的差异，意识形态色彩强烈的词汇很难转换。我国的近现代自然科学、技术科学秉承统一规范，这方面比较容易对应转换。但是，类似中医类词汇及地域特点强的农业类词汇却很难完成对应转换。处理这方面的对应转换问题，只能建立间接的转换关系，比如中医类叙词"诊脉"可以通过"疾病诊断"的范畴对应给《LCSH》词表中相应的标题词。从另外一个方面讲，情报检索语言由词汇、词义、语法和词典四个要素组成，除了词汇对应以外，词汇的组配规则和使用方法（即语法）也是影响对应转换的重要因素，许多情报检索语言并非系统表达语法规则，甚至隐含语法规则，这个问题会阻碍兼容工作的开展。

考察转换的可行性及转换的模式与问题方面，说明这两种词表对应转换有困难更有希望。各国的情报检索语言一体化建设都在不停地寻找兼容的途径和方法，而两种词表对应转换将促进这个进程。

7 信息的内容描述——分类法

分类法和主题法是信息组织工作的两种主要方法。主题法是一种直接明确的方法。分类法是一种间接的方法，通过建立一个以知识、学科分类结合文献实际情况及用户使用情况的庞大分类体系，将信息归入这个体系中，进而让信息成为有秩序的集合体。

7.1 分类法的样式

下面以《中国图书馆分类法》（简称《中图法》）为例，展示其一级、二级类目如下：

7.1.1 分类法的一级类目

A 马克思主义、列宁主义、毛泽东思想、邓小平理论

B 哲学、宗教

C 社会科学总论

D 政治、法律

E 军事

F 经济

G 文化、科学、教育、体育

H 语言、文字

I 文学

J 艺术

K 历史、地理

N 自然科学总论

O 数理科学和化学

P 天文学、地球科学

Q 生物科学

R 医药、卫生

S 农业科学

T 工业技术

U 交通运输

V 航空、航天

X 环境科学、安全科学

Z 综合性图书

7.1.2　分类法的二级类目

A 马克思主义、列宁主义、毛泽东思想、邓小平理论

A1 马克思、恩格斯著作

A2 列宁著作

A3 斯大林著作

A4 毛泽东著作

A49 邓小平著作

A5 马克思、恩格斯、列宁、斯大林、毛泽东、邓小平著作汇编

A7 马克思、恩格斯、列宁、斯大林、毛泽东、邓小平生平和传记

A8 马克思主义、列宁主义、毛泽东思想、邓小平理论的学习和研究

B 哲学、宗教

B0 哲学理论

B1 世界哲学

B2 中国哲学

B3 亚洲哲学

B4 非洲哲学

B5 欧洲哲学

B6 大洋洲哲学

B7 美洲哲学

B80 思维科学

B81 逻辑学（论理学）

B82 伦理学（道德学）

B83 美学

B84 心理学

B9 宗教

C 社会科学总论

C0 社会科学理论与方法论

C1 社会科学概况、现状、进展

C2 社会科学机构、团体、会议

C3 社会科学研究方法

C4 社会科学教育与普及

C5 社会科学丛书、文集、连续性出版物

C6 社会科学参考工具书

［C7］社会科学文献检索工具书

C79 非书资料、视听资料

C8 统计学

C91 社会学

C92 人口学

C93 管理学

［C94］系统科学

C95 民族学、文化人类学

C96 人才学

C97 劳动科学

D 政治、法律

D0 政治学、政治理论

D1 国际共产主义运动

D2 中国共产党

D33/37 各国共产党

D4 工人、农民、青年、妇女运动与组织

D5 世界政治

D6 中国政治

D73/77 各国政治

D8 外交、国际关系

D9 法律

DF 法律

E 军事

E0 军事理论

E1 世界军事

E2 中国军事

E3/7 各国军事

E8 战略学、战役学、战术学

E9 军事技术

E99 军事地形学、军事地理学

F 经济

F0 经济学

F1 世界各国经济概况、经济

史、经济地理

F2 经济管理

F3 农业经济

F4 工业经济

F49 信息产业经济

F5 交通运输经济

F59 旅游经济

F6 邮电通信经济

F7 贸易经济

F8 财政、金融

G 文化、科学、教育、体育

G0 文化理论

G1 世界各国文化与文化事业

G2 信息与知识传播

G3 科学、科学研究

G4 教育

G8 体育

H 语言、文字

H0 语言学

H1 汉语

H2 中国少数民族语言

H3 常用外国语

H4 汉藏语系

H5 阿尔泰语系（突厥-蒙古-通古斯语系）

H61 南亚语系（澳斯特罗-亚细亚语系）

H62 南印语系（达罗毗荼语系、德拉维达语系）

H63 南岛语系（马来亚-玻里尼

西亚语系）

　　H64 东北亚诸语言

　　H65 高加索语系（伊比利亚–高加索语系）

　　H66 乌拉尔语系（芬兰–乌戈尔语系）

　　H67 闪–含语系（阿非罗–亚细亚语系）

　　H7 印欧语系

　　H81 非洲诸语言

　　H83 美洲诸语言

　　H84 大洋洲诸语言

　　H9 国际辅助语

　　I 文学

　　I0 文学理论

　　I1 世界文学

　　I2 中国文学

　　I3/7 各国文学

　　J 艺术

　　J0 艺术理论

　　J1 世界各国艺术概况

　　J19 专题艺术与现代边缘艺术

　　J2 绘画

　　J29 书法、篆刻

　　J3 雕塑

　　J4 摄影艺术

　　J5 工艺美术

　　［J59］建筑艺术

　　J6 音乐

　　J7 舞蹈

J8 戏剧、曲艺、杂技艺术

J9 电影、电视艺术

K 历史、地理

K0 史学理论

K1 世界史

K2 中国史

K3 亚洲史

K4 非洲史

K5 欧洲史

K6 大洋洲史

K7 美洲史

K81 传记

K85 文物考古

K89 风俗习惯

K9 地理

N 自然科学总论

N0 自然科学理论与方法论

N1 自然科学概况、现状、进展

N2 自然科学机关、团体、会议

N3 自然科学研究方法

N4 自然科学教育与普及

N5 自然科学丛书、文集、连续性出版物

N6 自然科学参考工具书

［N7］自然科学文献检索工具

N79 非书资料、视听资料

N8 自然科学调查、考察

N91 自然研究、自然历史

N93 非线性科学

N94 系统科学

［N99］情报学、情报工作

O 数理科学和化学

O1 数学

O3 力学

O4 物理学

O6 化学

O7 晶体学

P 天文学、地球科学

P1 天文学

P2 测绘学

P3 地球物理学

P4 大气科学（气象学）

P5 地质学

P7 海洋学

P9 自然地理学

Q 生物科学

Q1 普通生物学

Q2 细胞生物学

Q3 遗传学

Q4 生理学

Q5 生物化学

Q6 生物物理学

Q7 分子生物学

Q81 生物工程学（生物技术）

［Q89］环境生物学

Q91 古生物学

Q93 微生物学

Q94 植物学

Q95 动物学

Q96 昆虫学

Q98 人类学

R 医药、卫生

R1 预防医学、卫生学

R2 中国医学

R3 基础医学

R4 临床医学

R5 内科学

R6 外科学

R71 妇产科学

R72 儿科学

R73 肿瘤学

R74 神经病学与精神病学

R75 皮肤病学与性病学

R76 耳鼻咽喉科学

R77 眼科学

R78 口腔科学

R79 外国民族医学

R8 特种医学

R9 药学

S 农业科学

S1 农业基础科学

S2 农业工程

S3 农学（农艺学）

S4 植物保护

S5 农作物

S6 园艺

S7 林业

S8 畜牧、动物医学、狩猎、蚕、蜂

S9水产、渔业

T工业技术

TB一般工业技术

TD矿业工程

TE石油、天然气工业

TF冶金工业

TG金属学与金属工艺

TH机械、仪表工业

TJ武器工业

TK能源与动力工程

TL原子能技术

TM电工技术

TN电子技术、通信技术

TP自动化技术、计算机技术

TQ化学工业

TS轻工业、手工业、生活服务业

TU建筑科学

TV水利工程

U交通运输

U1综合运输

U2铁路运输

U4公路运输

U6水路运输

［U8］航空运输

V航空、航天

V1航空、航天技术的研究与探索

V2航空

V4航天（宇宙航行）

［V7］航空、航天医学

X环境科学、安全科学

X1环境科学基础理论

X2社会与环境

X3环境保护管理

X4灾害及其防治

X5环境污染及其防治

X7行业污染、废物处理与综合利用

X8环境质量评价与环境监测

X9安全科学

Z综合性图书

Z1丛书

Z2百科全书、类书

Z3辞典

Z4论文集、全集、选集、杂著

Z5年鉴、年刊

Z6期刊、连续性出版物

Z8图书报刊目录、文摘、索引

7.2 《中国图书馆分类法》原理、理论和方法研究

7.2.1 分类法如何应对新兴学科和跨学科领域需求

分类法需要反映新情况、掌控新趋势，应该跟踪新兴学科和跨学科领域，

需要探索对新兴学术领域的识别，系统追踪概论论著、理论论著、研究方法论著、教材、学科发展报告等；需要系统阅读重要相关研究机构出版物、学术会议论文集、专业性工具书；需要全面了解重要事件，如学术团体、研究机构的成立，学术会议的召开，相关学者及其重要论著的发表，奖项的颁布、研究立项等，如此才能获悉新兴学科发展状况，为类目修订提供科学参考。

7.2.2　图式范畴和原型范畴理论

语音学可分为三大类，即发音语音学、声学语音学和感知语音学，分别研究语音的发音现象、语声的物理现象、语音带来的心理效果。对于语音学而言，图式包括语音如何产生、传播和为人所接收，这是从声带振动、嘴唇形状、音节、声调、语调等中抽象概括出来的。原型是发音语音学，注重语音的发生机制。所以成员应参照这个图式，并与原型有相似性，而非仅仅从表面观察是否与语音相关。而朗读是指将文本以语音的形式表达出来，从而达到抒情传志的目的。虽然语音、语调等物理特征是朗读法的一大重要内容和技巧，但语音的抒情达意等人际功能才是其最重要的内容。同样地，演讲术的确也会关注演讲者的语音特征，但一次成功的演讲应该包括有价值的主题、严密的逻辑性、浅易生动的比喻、容易引起共鸣的题材、肢体语言的运用、反复训练的技巧。从中可见，朗读法和演讲术虽会涉及发声和语音语调，但与语音学存在显著差异，前者注重的是语音所能带来的效果和功能，而后者注重的是语音本身如何产生、传播和为人所接收。总之，朗读法和演讲术与语音学之间存在语声特性方面的相似性，但前者不享有后者的图式，所以不应将前者简单归入后者范畴。此外，这里存在着专家范畴和民间范畴的影子。若语音学由语音学家来分类，他们绝不会将朗读法和演讲术纳入其中。而普通人看到语音学时会想当然地认为这是一个关于语音的范畴，任何带声音的都可算其子范畴。因此，有必要将图式范畴和原型范畴引入图书分类和其他生活分类中，以共同结构或共性为参照，结合原型和相似性，科学划分范畴成员。

例如，H031基本词汇与H032同义词、多义词、反义词两个类目，表面上，基本词汇和同义词、多义词、反义词都是关于词汇的分类，具有家族相似性，可以归入同一个基本层次范畴，实则不然。半个世纪以来，汉语界以"稳固性""全民性""能产性"三大标准定义基本词汇，以"常用性"和"稳定性"两大条件来区分基本词汇和词根。无论哪种标准，基本词汇都以词汇的历史发展和使用频率来定义；而同义词按照词汇之间意义的相近性来划分，多义词按照词汇的意义数量来划分，反义词按照词汇之间意义的相反性来划分。可见，它们之间虽然存在显性的相似性，但各自侧重点不同，划分维度也不同。这种维度的不同往往会造成内部范畴的交叉重叠。就我们最熟悉的"家"来说，它可以具体到一家三口的"家"，也可以拓展到国家的"家"，因此它既是基本词汇又是多义词。又如，表示时令和方位概念的词一般都有反义词，如春夏秋冬、上下左右等，这样的例子俯拾皆是。可以说词汇这个共性将基本词汇和同义词、多义词、反义词以家族相似性结合起来，然而这种家族相似性很容易造成上述内部范畴重叠的现象。事实上，作为科学的图书分类，同一层次内部范畴之间应该具有唯一性和排他性，不然编目工作无法顺利完成。因此，在划分下义层次范畴时，特别是在像图书分类这种需要科学和严谨的分类情况下，一定要注意同一层次范畴之间的划分维度是否一致、各自侧重点是否趋同、是否具有科学性和排他性等。

我们发现家族相似性易造成分类不科学，基本层次范畴和下义层次范畴内部存在交叉重叠现象，原型可能会造成上下层关系不明朗，专家范畴和民间范畴之间存在差异等问题。解决这些问题，除家族相似性和原型外，应结合图式、维度、含义与发展趋势、语境等进行家族成员划分，才能更好地保证图书分类和原型范畴理论的实用性和科学性，建设更加健全的分类法。

7.2.3 分面组配

分面分类原理对于构建多维化、具备灵活扩展性的底层信息架构，服务于信息寻找与发现方面的设计，影响依然巨大。

分面分类也是电子商务网站组织商品的依据。充分的分面分析可使商品信息的描述更加完善，形成多个信息维度。

分面分类原理可以改进大众分类法，灵活实现其功能。

7.2.4 分类法修订与图书馆改编

可以考虑按照新版分类法彻底改编图书馆藏书和检索标识的方案。需要调整的藏书改好就按新号码排架，日常的工作正常进行，改编结果完全用电脑记录，而且，卡片目录基本不存在了，没有改编版目录的劳动之苦，不要再把图书改编问题当成一个十分棘手和复杂的事情。

7.2.5 分类法结构部件

分类法由词汇、词义、语法和词典四部分构成。词汇是分类法的标识符号及编号制度。分类号背后代表的含义是词义，具体解释和规定符号的含义。语法是分类法的立类规则及类目使用的规则，决定怎么使用分类法的问题。词典是一部分类法在物质载体上的集合。在网络和电子环境下，分类法的词汇、语义、语法和词典（即物质载体）形式发生了很多变化，如同图书情报学教育所依赖的信息环境发生变化，必然促动图书情报学教育的变革一样，在网络信息环境下，分类法面临新的机遇与挑战，要求分类法自身的结构也随着网络信息环境的变化而有所变化。

等级列举式分类法标记符号的编号制度一般为层累制。层累制存在一些固有问题，比如，为了照顾分类号码的表达性，降低图书分类法的科学性；或者为了照顾图书分类法的科学性，削弱分类号码的表达性。改进的突破口是寻找新的符号系统，它要有足够数量的基数，能够通过最简单的编号规则，满足类目体系科学表达的要求。计算机科学十六进制记数方法指前 10 个数分别用阿拉伯数字 0，1，…，9 表示，第 11 个数至第 16 个数分别用大写拉丁字母 A，B，C，D，E，F 表示。受十六进制数表达方法的启示，等级列举式图书分类法层累制分类号码的标记符号可以采用一种新的阿拉伯数字与拉丁字母混合制，使整个序列共有 35 个基数。

分类法类系在印刷版分类法中的展示比较清晰，对于电子版分类法，由于计算机屏幕的限制，需要由软件展示完整类系，可以通过类系概念的分类名所对应分类号逐次去掉末位数的办法查询父系概念下的一系列分类名。

7.2.6 同类信息的排列

同类信息的排列指在文献分类的基础上，依据某种标准再区分。它是文献分类的深化和延续，能够满足文献收藏机构精确管理的要求。使用分类法对文献信息分类，主要采用内容标准进行划分，同类信息的排列主要采用内容标准以外的其他因素作为进一步区分的依据，一般使用非内容标准。可以说，同类信息的分类研究也属于分类法研究的范畴。

7.2.7 Yahoo! 同类网站的排列方法

20世纪90年代，随着Yahoo! 分类目录迅速成为网络分类法的典范，网络分类体系受到普遍关注。然而，这个分类体系是用来给网站分类的，是用来聚集网站的，同属一个类目的网站如何排列，如何对同属一个类目的网站依据某种标准再进行区分，像传统分类法的同类书区分那样，如何深化并延续网站分类，这些问题同样摆在网络分类法面前。

Yahoo! 把同类网站分成三个部分：

第一种，推广型网站（Sponsor Listings）。

Yahoo! 分类搜索提供两套商业方案：付费排名（paid place）和付费包含（paid subscription），允许广告客户花钱提高自己在结果页面上的突出程度，给 Yahoo! 的搜索服务带来了利润。但这种做法也受到用户的批评，大家指责 Yahoo! 把付费链接提升为"推荐"或"热门"站点，误导了消费者——究竟是因为网站本身质量好、资源丰富、信息可靠，还是仅仅因为这些网站缴纳了广告费，才给予它们如此显著的位置。

2002年6月，美国联邦贸易委员会（FTC）开始干预，规定包括 Yahoo! 及 AltaVista、AOL 时代华纳、LookSmart、微软和 Terra Lycos 等提供类似服务的公司，必须将这种"广告"与普通检索结果明确区分开来。相应地，各网站都改变过去的做法，大部分搜索网站改用"赞助"（sponsor）等字眼，与免费收录的网站区别开来。

Yahoo! 用黄色的框线，像一个盒子，框住已经缴纳费用的赞助商网站，具体称其为"Sponsor List Box"。"盒子"里面的网站，根据所在类目商业价值的大小，每个网站每月需要向 Yahoo! 公司缴纳50~300美元。

推广型网站处于类目下的最高位置，用户能够最优先看到。这些网站将重复出现于本类的"音序字顺网站"（Alphabetical）中，后面附以黄色"Sponsor"图标。

如果它符合"用户使用最多的网站"（Most Popular）的条件，将重复出现于本类的"用户使用最多的网站"中，后面附以同样的黄色"Sponsor"图标。

第二种，用户使用最多的网站（Most Popular）。

这一部分反映广大网民的需求，集中用户最欢迎、使用频率最高的网站，置于仅次于推广型网站的位置。能否进入"用户使用最多的网站"，不取决于 Yahoo! 分类编辑的判断，甚至编辑也不能改变。

Yahoo! 对收录的网站，在其原 URL 网址之前，增加计数器，自动统计每一个网站被用户点击的次数。它完全可以设定一个阈值，比如，规定每天被点击200次以上的网站，自动作为该类目的"用户使用最多的网站"。

Most Popular 中的网站，将重复出现在"音序字顺网站"（Alphabetical）里面，但没有任何标志。

第三种，音序字顺网站（Alphabetical）。

置于类目的最下端，汇聚一切收录的网站，是所有网站的大本营。除了以英文字母顺序显示外，音序字顺网站还另外显示为四种样式：

其一，新站（New）。新近加入的网站，在网站名称的后面附以黄色"New"小图标，要持续一个月的时间，一个月之后，自动消失，如同图书馆常搞的"新书推荐"活动。其二，编辑认为最有价值的网站（Sunglasses）。完全取决于Yahoo! 分类编辑的判断和评价，每天选出那些信息丰富、浏览速度快、网页设计风格优秀和最具价值的网站，附以褐色"Sunglasses"图标。这些网站虽然处于音序字顺网站里面，但并不按照字母顺序排列，一律排在本类音序字顺网站的最前面。需要注意的是，推广型网站不在此范围内，即不给商业网站戴"眼镜"，显示网站编辑人员不受商业利益影响的公正性和客观性。另外，Sunglasses 型网站与 Most Popular 型网站可以并行，即 Most Popular 中的网站，也可以戴"眼镜"，显示网站编辑人员与普通用户的一致性。其三，酷站推荐（Pick）。早期的 Yahoo! 分类每天推荐一个最实用的网站，后来每天数个，还要每周汇总，分别形成"Daily Picks""Picks of Week"。凡是历史上收录进"Pick"的网站，在普通页面出现时，被附以浅蓝色的"Pick"和"Review"图标，点击"Review"可以进入"酷站推荐"栏目。酷站仍然按照音序字顺排列。其四，粗体（Bold）。部分级别很低的 Yahoo! 类目，有时会放在音序字顺网站的位置显示，凡处于网站位置的类目，都加粗成深蓝色的字体。

图书馆的索书号由分类号与同类书区分号共同构成，无论是几百万还是几千万藏书的图书馆，每一本图书的索书号都是唯一的。Yahoo! 收录的网站有"索书号"吗？

上述三种同类网站的区分方式，具体表现在 Yahoo! 对收录的每一个网站所赋予的唯一号码中，我们称其为"Yahoo! 网站区分号"。它如同图书馆的索书号，每个网站也都有唯一的区分号。比如下面的例子：

某仿真珠宝公司的 Yahoo! 网站区分号是："http：//srd.yahoo.com/drst/95893098/*http：//rd.yahoo.com/spon/?http：//www.imitation-jewelry.com.tw/"。其中"http：//srd.yahoo.com"代表整个 Yahoo! 最高层的计数器，"drst/95893098/"代表该推广型网站的唯一号码（ID号），"*http：//rd.yahoo.com/spon/?"代表推广型网站的计数器，"http：//www.imitation-jewelry.com.tw/"代

表该网站的URL。

总之，Yahoo! 能够通过网页的平面布局、颜色变化、字体字号大小及各种辅助符号等手段，进一步区分处于同一个类目下的网站，形成一个很有层次的容易浏览的网站体系。与图书馆同类书的区分相比，引入用户和网站分类编辑人员的因素，使它显得办法更丰富，手段也更灵活。

7.2.8　分类法的学术地位及基础理论研究

我国20世纪80年代的图书情报学专业教育将分类作为一门最核心的基础课程，90年代之后，经过课程改革，分类及分类法教学"淹没"于"信息组织"之中。初期，分类及分类法的内容不仅占据"信息组织"教学的主导地位，而且占据"信息组织"研究的主导地位。但是，就最近国内外的研究现状而言，分类及分类法已经退居其次，反而原来不被重视的"编目"部分等成为"信息组织"的研究重点和热点。比如，数字资源编码、数字资源的采集和生成、数据标识技术、数字资源描述、知识组织、主题图、语义网、元数据、XML、PDF等成为研究的重点和热点。说明在信息技术的大背景下，能与计算机和网络结合的部分会获得更大的发展空间。

20世纪90年代，伴随美国Yahoo! 分类组织网络信息资源的成功，分类法在网络信息资源组织中的应用问题在学术研究领域曾经呈现繁荣景象。后来，随着Google的压倒性优势（实际是主题型的信息组织方法占据主导地位），网络信息资源的分类组织研究处于停滞状态。其实，分类和主题这两种重要的信息组织方法是随着信息技术环境及信息用户的信息行为模式的变化而变化的，没有一成不变的"神话"。那么，探索分类法在网络信息资源组织中的应用、地位、意义，甚至重现当年的繁荣局面，应是分类法领域研究重点考虑的问题。

分类法基础理论是研究的薄弱领域。分类法领域的传统理论问题，诸如三性原则（科学性、实用性、思想性），分类法编制的原则（客观原则、发展原则、逻辑原则、文献保证原则、用户保证原则），科学分类规律研究，科学分类与分类法的关系，分类法在新技术条件下的变革等方面，都是很重要的基础理论研究范畴。

分类法是一种信息组织的基本思想和基本方法。一提到"分类"两个字，人们往往与图书馆的分类工作联系起来。事实上，分类是无处不在的，不要把它看作只在很狭小领域存在的思想和方法，它是可以应用在各个领域的分类方法和分类思想。检索国外分类法方面的文献可以发现，研究某种具体分类法的文章非常少，大多把分类作为一种信息组织的基本方法和基本思想，把分类法渗透到整个信息管理过程之中，使分类成为基础性的工作原理和方法。

7.3 《中国图书馆分类法》应用研究

7.3.1 其他技术和方法应用到分类法领域

7.3.1.1 分类可视化

信息可视化软件可以完成数据收集、集成、转换和映射，通过图像的变形、伸缩和位移等手段形象地显示主题与主题之间或对象与对象之间的多种联系，动态地生成可视化的联系相关图，为分类法、叙词表及本体等知识组织系统（KOS）的可视化提供技术支持，可以开发专门的中文可视化工具对《中图法》进行可视化改造。

7.3.1.2 知识本体

图书馆学长期积淀的分类法和叙词表，是一种通过概念术语"形式化地描述学科知识"的体系，它们也是一种知识本体，知识本体的原理和方法可以大量应用于构造分类法的实践之中。

7.3.1.3 数据库技术

分类法是面向学科、面向文献集合的，关注资源属于哪个学科，因而它的主要倾向也是面向文献管理的；数据库则是面向具体事物，要解决记录的各方面属性和联系。传统分类法可以汲取关系数据库、Web数据库技术的多维属性处理技术，提高其处理具体对象与事物的能力。未来，数据库技术很可能会以本体论的形式或以严格定义的叙词表的形式与分类法相结合，进而形成新的主流的信息组织工具。

7.3.1.4 人工智能

传统主题词表与分类法主要是"人读"的，是手工时代的信息组织工具。采用人工智能这种机器可理解式的语言改造分类法，可解决分类法机器可读与可理解问题。主题法和分类法必须在简化类级、明确概念及其关系的基础上，由宏观学科描述向微观的数据描述延伸，把各级类目改造成以实体为中心的体系。注意分类法模型化和模块化改造，促进人工智能手段介入分类法。

7.3.2 分类法应用到其他领域

7.3.2.1 用户兴趣建模

分类法用有限的类目表达无限的信息资源，类目表现出很强的抽象能力与概括能力。分类法既可以给文献信息资源分类，也可以给用户群分类。通过分类法的类目体系延伸出描述分类法类目的主题词、关键词乃至自由词，当主题词、关键词和自由词触及用户后，就可以追溯到所属的根分类类目上，进而给用户的学习兴趣建模。给用户建立了恰当的模型之后，又可以利用建模结果进行信息过滤、信息推送等服务。

7.3.2.2 网络信息组织

将传统文献分类法用作分类依据的网站主要是一些大学、图书馆和学术性网站，而大型综合性搜索引擎往往参考一个或几个分类标准，设置自己的分类导航系统。DDC、LCC、UDC及《中图法》等传统分类工具在对网络资源进行组织时具有自身优势及局限。

7.3.2.3 学科信息门户（主题网关）

与搜索引擎相比，学科信息门户（主题网关）发挥了很强的网络信息组织作用，可以解决检索结果冗余的问题。分类法作为受控语言的一种，不仅是主题网关构建资源浏览和导航结构的基础，而且是主题网关开展标引和加工的依据。国外把DDC和UDC作为主流的学科信息门户使用的分类法，但一般需要对原始分类法进行一定的增、删、改工作。

7.3.2.4 元数据框架体系

任何元数据都包含主题词和分类号，而且一般规定使用受控语言的词汇或者分类号，说明分类法等受控语言在元数据中占有重要地位。

7.4 我国古代、近代和民国时期的分类法

7.4.1 古代法律专科分类

作为中国古代专门用于法律规章类文献的分类法，律令格式四部专科目录分类法，主要盛行和应用在汉唐宋时期。它的来源有三：第一，时间起源上，"律""令"产生于上古，"格"产生于北魏，"式"始于秦代；第二，行政运用上，律令格式四部专科目录分类法，正式运用于唐朝立法机关制定法典、法律、法规过程中；第三，文献应用上，律令格式四部专科目录分类法，应用于法律专科文献。

"律"部类法律文献主要包含刑法内容；"令""式"部类法律文献主要包含行政法规、民事诉讼程序法内容；"格"部类法律文献主要包括军事法、综合法内容，并将律、令、式部类未能收入的法律文献囊括其中，颇具"综合类"功能。比如秦代的《田律》《焚书令》《封诊式》，唐代的《贞观律》《贞观令》《贞观格》《贞观式》。

7.4.2 我国古代、近代的分类法

西晋荀勖能提出图书四部分类法，与魏晋时期史学的兴盛与繁荣、子学的不振与博杂、文学的自觉与发展三个方面的巨大变化有关。

唐代的《艺文类聚》，只针对图书的局部内容进行分类，采用46个一级部类和727目（二级类目）的类似《汉语主题词表》范畴索引的分类体系，值得深入挖掘和研究。

《龙图阁书目》是北宋早期编纂的重要的国家藏书目录，实行六分法，积极探索和发展了我国古代的分类体系。

许多中文系毕业从事古文献学研究的专家学者，对古代分类问题探讨得比较深刻。古人对当时典籍的分类主要采取事物分类的方法，其分类思想的本质是分类法编制原则之一的文献保证原则。

分类最讲究整体性，古籍是一个整体，不能用现代分类体系肢解古籍。丢掉整体性，精细化处理微观性，不是分类原理所应该追求的。因为古代的四部分类法不符合今天《中图法》的思路，便要求用《中图法》分类古籍，是没有道理的。结合《四库全书总目》收录的书籍与新中国成立后编撰的《中国古籍

善本书目》收录的书籍，把现代人利用的思路和古籍实际的逻辑统一起来，这条道路值得采纳。

目前全文的古籍数据库非常多，四部分类法的电子化和网络化确实需要实行。

中国古代图书分类活动开展得比较早。图书分类是目录学研究的主要对象。近现代以来，目录之学逐渐式微，但是，图书分类对信息组织的作用没有减弱。于是，图书分类乃至引申为分类之法，脱离目录之学，逐渐独立起来。

西方近代的《杜威法》一诞生，是先进的。后来，以10个基本大类为代表的《杜威法》，就变成落后的东西了。今天，美国依然遵循《杜威法》的基本原则，继承历史的遗产，避免变革的代价，这样做也是先进的。可是，我国民国时期，没有美国的《杜威法》遗产包袱，却硬要回到美国产生《杜威法》的原点那里，还照搬以十分法为特征的这么一个落后的东西，然后一点点地适应中国实际、适应时代特征地改，这是愚昧和落后。把一个确实先进的东西拿来为我所用，适当结合本地情况予以改造，才叫本土化；而民国时期的改编《杜威法》活动，不是本土化。古为今用，洋为中用，新中国成立以后根据时代特征自我编制《中图法》等一系列的实践和探索，才是先进的。

我国的分类法历史发展逻辑，也展示了上面的状况。比如，汉代刘向、刘歆的七分法，适应汉代典籍，是先进的。晋朝、隋朝以来，删繁就简，七分法变四分法，也是先进的，是适应时代需要的。但是，以后漫长的千年，四分法一以贯之，就显出落后的征兆。宋代郑樵、清代孙星衍厉行十二分法，便是求变之分类法，清代章学诚对乾隆钦定的四分法，不停地表达不得不行、不得不尊的无奈，更是一例。同时，我们也要指出，如同美国到今天还保留《杜威法》一样，直到我们的封建社会清朝结束，四分法一直保留，避免震荡，这里也有先进的一面。

7.4.3 民国时期傅熊湘分类法

民国时期，在新旧学术冲突与融合的影响下，图书分类方法发生了从传统四部到中西并存进而中西统于同一分类体系的变化。傅熊湘在1929年提出《湖南省立中山图书馆图书分类法》，将"经典"单列一类，用多重纲目构建，能够贯通古今，融合中西，贴合实际，在尊重传统的同时，迈出了向近代学科体系和知识体系过渡的重要一步。傅熊湘分类法以其客观性、系统性，成为《杜威法》影响下独具特色的"改革派"分类法，为西方图书馆学本土化提供了一种合理的可能。

7.5 《中国图书馆分类法》的历史

我国近代分类法引进、模仿与创新并存，致力于通过仿杜、补杜、改杜等方式编制适合中国国情的图书分类法，比较有影响的有沈祖荣和胡庆生的《仿杜威书目十类法》、杜定友的《世界图书分类法》、刘国钧的《中国图书分类法》、皮高品的《中国十进分类法及索引》等。我国现代分类法沿着分层和分领域两个方向发展。20世纪50年代，我国首先诞生了《中国人民大学图书馆图书分类法》（1954年，简称《人大法》）和《中国科学院图书馆图书分类法》（1958年，简称《科图法》）。另外，20世纪60年代，文化部和教育部组织编写了《大型图书馆图书分类法》（1966年，简称《大型法》，草案，未能全部正式出版）等分类法。此后，诞生了《中国图书馆分类法》《中国图书资料分类法》《中国档案分类法》《中国新闻信息分类法》四部大型分类法。其中《中国新闻信息分类法》是我国第一部分类类目与被分类资源一体化的大型分类法，基于网络环境可以处理多媒体信息资源。

1975年出版《中图法》第1版，1980年出版第2版，1990年出版第3版，1999年出版第4版，2010年出版第5版。修订周期约为10年。

《中图法》电子化、网络化的发展历程：2001年研制《中图法》视窗电子版。2002年把《中图法》数据转换为符合IFLA国际标准UNIMARC Classification Format的MARC格式。2005年研制《中国分类主题词表》视窗电子版，这是一个可应用于局域网的知识组织工具。2008年开始把该工具变为支持基于XML和MARC的机读格式，逐渐应用于网络。

分类法历史演变的背后，也是文献组织方式的演变。因为大型图书馆不同时期使用不同的分类法典藏文献，OPAC检索系统往往不能全覆盖，所以向读者提供更全面的检索服务，是有必要的。

另外，以《中图法》编委会工作为主线，也可以追踪《中图法》的发展历史。回顾《中图法》八届编委会及其前身"图书分类法编辑组"在各个历史时期的组建过程与工作机制，每届编委会为满足我国信息组织方面的需求，研制或修订《中国图书馆分类法》各种版本及工具，体现我们拥有制度优势，可以集中力量办大事。《中图法》和《汉表》分别获得国家科学技术进步奖一等奖和二等奖，意义非凡。

7.6 国内外分类法比较研究

我们对国外分类法，尤其在美国分类法研究方面，应该深明大义。比如，《杜威法》10个基本大类，是落后的。与之相反，《中图法》22个基本大类，是先进的。我们把马列主义毛泽东思想作为第一个基本大类，也是先进的。在这个大前提下，让我们保持自信。然后，我们来讨论，如何学习和借鉴《杜威法》100多年所形成的宝贵经验和深刻教训，这才是中外比较研究的正确态度。

下面是一些细节和局部的问题，需要向《杜威法》学习。

《杜威法》助力自动分类，用待分类文献的题名、关键词等到《杜威法》里模糊匹配，能给分类人员提供大致的取号范围。同时，对经过《杜威法》分类的文献，提炼出题名、关键词等信息，并纳入《杜威法》匹配系统里。

《杜威法》（第22版）的理学类目是《中图法》理学类目的一半，但细分文献的能力却比《中图法》强。

《杜威法》（第23版）融合最新的编目理念，将实体与实体的属性剥离。同时，不再拘泥于传统的MARC格式，与SKOS映射，方便用户使用，并与更多的信息组织工具互动。

《杜威法》（第23版）帮助实现分类主题一体化，作为聚集叙词的框架，构造一体化词表（taxonomy），融合LCSH，实现与IEEE叙词表的一体化融合，更把触角延伸到电子文本和网络终端用户术语中去，建立自由词—主题词—分类号的对应链。

《杜威法》引入多种信息技术，推动分类法自动化和知识体系互操作，通过关联数据（Dewey.info）和资源浏览器等途径，把分类法广泛应用于网络信息组织与检索中，让用户方便使用。在关联开放数据云（linked open data cloud）中，《杜威法》关联数据已占据一席之地，《杜威法》像一张大网，尽力网罗并组织着最广泛和最多样的信息资源。

2009年《杜威法》采用W3C标准的SKOS语言进行描述，2012年《杜威法》（第23版）完全加入http：//dewey.info/，把自己的分类号以及分类号的相关信息，用SKOS语言充分描述，让自己的分类法，不仅能与包括LCSH在内的众多主题工具兼容映射，还能与更多的包括美国国会法、医学法在内的分类系统、自由分类系统，以及其他知识系统兼容映射，提供关联数据服务，组建更强大的语义网，融合异构信息和数据。

OCLC在自动分类方面不断努力，改造互联网浏览器和吸收自由词，属于组织一切信息的两个动作。今天，互联网才是最大的资源聚合体，《杜威法》（第23版）拥抱互联网的目的是把自己建造成知识组织和知识导航的工具，实现组织一切信息的最高目标。

本体的作用归结为通信、互操作和系统工程。《杜威法》类目精练，更新及时，秉持内容相关和等级排序思想，采用《杜威法》作为本体建设的顶层结构，是非常有效的。

国外分类法涉及《杜威法》、《俄罗斯图书馆分类法》、《韩国十进制分类法》、《日本十进制分类法》以及LCC、CC、UDC等。借鉴其他分类体系的做法，建立基于《中图法》的电子资源的主题浏览界面，可弥补《中图法》在用户检索服务及网络技术等方面的不足。

7.7 专业、行业分类

7.7.1 古籍

主张重新编制新的分类法专门用于古典文献的分类工作，主张增加"丛书部"形成五部分类法，探讨古籍四部分类的局部或者宏观问题，是古籍分类研究的三个方向。

全国古籍普查登记平台的汉文古籍分类主要依据国家古籍保护中心制定的《汉文古籍分类表》，该表继承《四库全书总目》的分类方法，由于古籍普查的对象更为广泛，开发古籍普查平台系统的专家又做了大量修订，因此古籍普查平台的分类更为合理、科学。比如，全国古籍普查登记平台的分类中新增加"类丛部"，解决过去类书和丛书勉强在子类的情况；增加"新学类"，以容纳自四部分类法在乾隆年间定型后新诞生的学术和文献；单列一类为"谶纬类"，与"易类""书类""诗类"等平行，共同由经部统辖，如此分类，更加符合这些纬书的性质；"五经总义类"变为"群经总义类"；"释道类"又设"宗教类"容纳新内容。但其中有的改变却使"辨章学术，考镜源流"的学术史意义丧失了，因此，有些修订还值得商榷。

7.7.2　少儿

《中国图书馆分类法·儿童图书馆、中小学图书馆版》1991年正式出版，2004年3月修订出版《中国少年儿童文献分类主题词表》（第一表分类号—主题词对应表）。针对少儿文献最新的变化，应该增设绘本方面的专门类目及细分方法。

7.7.3　测绘

《中图法·测绘学专业分类表》于1992年编制，1995年完成，超过20年没有修订，新版工作亟待开展。

7.7.4　地震学

在国家地震局主持下，征得《中图法》编委会的同意，修订并深化地震类文献的分类法，《中图法》编委会在新版分类法中予以确认。这个工作模式解决了问题，值得推广。

7.7.5　新闻

2005年11月，由新华社牵头承担的国家"十五"重大科技项目"中文新闻信息技术标准研制"的成果包括"中文新闻信息置标语言"（简称CNML）和"中文新闻信息分类与代码"（简称《新闻法》）两个既独立又相互依存的标准。新闻稿从入口到出口全部操作流程是数字化和"无纸化"的，代表未来分类法处理网络信息资源的方向。它的分类体系比较符合中国现阶段新闻内容的实际，它的列类和类名措辞具有自己的特点，它的人物资料复分表和新闻信息体裁复分表具有独创性。

2006年颁布的《中文新闻信息分类与代码》，类目5000多个，拥有非常丰富实用的复分表，对于专业分类法而言，把专业规律表达充分，加强复分表建设，应该是一个重点。

7.7.6　专利

2013年欧洲专利局停用ECLA分类系统，美国专利局停用USPC分类系统，启动联合专利分类法（CPC）。这部分类法结合了ECLA、USPC和IPC（国际专利分类法）的优点，共有类目26万个，是一部重要的专业分类法。

7.7.7　世博会

世博会分类法是布莱克（W. P. Blake）为1876年费城世博会设计的分类法，它是组织世博会展览的重要依据，甚至被认为是《杜威法》的前身。

7.7.8　国家科技图书文献中心分类表

《NSTL分类表》的自然科学和应用科学的类目转变为一级类目，整个社会科学只设两个类。

7.7.9　军事

《军事信息资源分类法》（简称《军分法》）吸收《中图法》、《中档法》和《军用主题词表》的成果，依据军事科学特点，设立23个一级类目，新设第24个一级类目"Y相关学科"，基本照搬《中图法》的22个基本大类，用以容纳非军事文献。这是我军信息化建设的一项重要基础工程，实现了标准化、分类主题一体化、双位标记制、多重列类法、区分交叉类目与交替类目、建立主题词与分类号的对应索引等多处创新。根据《军分法》高度分类主题一体化的特点，利用《军分法》的成果可以实现军用数据库的自动分类标引。

7.7.10　佛教

在1996年我国台湾出版的《佛教图书分类法》基础上，2001年北京图书馆出版社出版《佛教图书分类法》，该书由北京大学白化文老师编写，满足中国和海外寺院及佛教图书馆当前编目的急需，其实用性、可操作性均较好。

7.7.11　档案

《中国档案分类法》（简称《中档法》）第2版确定了档案分类法的基本体系结构。设计一种分类方法既用于档案实体分类（档案实物排架），又用于档案信息分类（档案内容分类），比较困难。《中档法》主要是为档案信息分类而编制的，必然促使研制一些诸如《高等学校档案实体分类法》的工具来完成具体单位的档案实体信息的组织。

7.7.12 标准

在标准文献专题库建设中，对同一标准同时采用国际标准分类法（ICS）和中国标准文献分类法（CCS）结合加工的"双分类法"，不仅可以有效地选取特定领域的标准文献，而且极大地提高了标准文献专题库检索的查全率和查准率。

除上述类型分类法外，非物质文化遗产资源、政务信息、民俗文献、文书分类、地方历史文献、漫画、应急信息资源和少儿图书等领域的专业分类也在积极探讨。

关于专业分类法，整合传统文献分类法、网络自编分类法和大众分类法，采用以多重列类、多元划分和多角度展开为主的类目划分方式，是专业分类法改造的一个重要方式。在建设专业分类法的时候，首先要确认，这种分类法是以组织资源为主，还是以检索资源为主。组织资源，要以学科分类为主，对稳定性追求多一些，类目要简明，类目级别不要太深。检索资源，要以用户使用为主，对灵活性追求多一些，强化复分表，切实贴近资源特征和用户需求。

分类法在众多行业和领域均有具体应用。比如，中国海关，有一个超过1万个类目的分类法，用于进出口商品的分类过关检验。针对具体文献类型，专利分类法、标准分类法等大量存在。在这些领域，均可以拓展分类法研究的宽度和深度，加大分类法一般理论研究与具体实践相结合的力度。

专业分类法的设计和开发永无止境。目前，中国的智库建设非常活跃，借此机会眼睛向外看，发现世界范围的智库共约7000家，智库的信息源源不断，也许能编制出一部《中国智库分类法》。

7.8 《中国图书馆分类法》的网络化拓展

《中图法》编委会于2009年发布《中国分类主题词表》（第2版）Web版。在此基础上，《中图法》（第5版）Web版于2011年在网上正式发布。

《中图法》Web版类目注释功能完善，但是没有类似DDC、UDC、LC等Web版所具有的直接计算组号或类号构建工具，仿分和复分类号不能计算等级，无法显示颜色。

2017年4月，http://clc.nlc.cn还是能够使用的网站地址。频繁变化的网络地址，是《中图法》网络化的一大障碍，需要《中图法》编委会注意。

总之，《中图法》Web 版需要加强的地方：第一，自动构造类号的功能。第二，类表结构的可视化、查找结果的可视化。第三，更丰富多样地与用户互动。第四，连接书目数据库。第五，建立不同信息组织工具的映射与对应。第六，联结自由词，联结更多资源。

7.9　网络上的分类法

据不完全统计，中文网络信息分类法已有近300种，在知识覆盖、体系结构、类目组织、基本类目、类目名称、用户界面、检索功能等方面，均可进一步完善。例如，建立统一的网络信息分类法，更进一步，可以制定与文献分类法国家标准相匹配的网络信息资源分类法国家标准。

网络上的分类法，既不是传统分类法移植到网络环境中的应用，也不是某一网站用于组织自身信息的分类框架，它特指网络运营商自创的，用于组织大规模的、涵盖一切网络信息的分类法。

美国1995年诞生的雅虎（Yahoo!）网络分类目录，中国1998年诞生的搜狐（sohu）网络分类目录，是网络分类法的典范（两者都曾在一个时期里引领网络资源的组织与检索）和绝唱（两者目前均已在网络上消失）。目前，世界范围内依然运行的网络分类法只有 AOL 公司的大众志愿参与式的 DMOZ（10多万个类目，30多万个网站）网络分类体系。

今天，搜索引擎"风华正茂"，网络分类式微影孤。关于网络分类法的研究，要坚持实证的方法，把现实情况好好摸清楚。比如，为什么20世纪90年代铺天盖地的网络分类法今天却销声匿迹了？目前究竟还有哪些网络分类法正在运行？为什么运行？运行的效果和作用怎样？未来网络分类法可能复苏吗？怎样复苏？这些问题应该是网络分类的研究课题。

网络分类讨论不多。无知者无畏，新人新感受。以《中图法》为代表的分类法同搜索引擎人工分类、主题词法性质的标注、栏目关键词及大众分类法混同共存，或许未来将成为情报检索语言的新风景。

7.10　大众分类法（自由分类法）

2006—2008年，关于网络资源分类，出现了大众分类法（Folksonomy）。目前，Folksonomy 有大众分类法、自由分类法、公众分类法、分众分类法、窄分众分类法、Tag 分类法、社会分类法和新型网络分类法等多种称谓。

大众分类法是由网络信息用户自发为某类信息定义一组标签，根据标签被使用的频次，选用高频标签作为该类信息类名的一种为网络信息分类的方法。

大众分类法目前的应用主要有两种模式：宽分众分类和窄分众分类。宽分众分类系统中大量存在一个规模较大的用户集合对同一个对象进行标注的现象，通过统计可以得到对信息的最佳揭示，最典型的应用是 del.icio.us。窄分众分类是只有很少的用户（通常是提交信息的人自己）对相同的内容信息进行标注形成标签，最典型的应用是 flickr。

豆瓣网实现了以用户为中心的信息组织方式，是国内最典型的利用大众分类法进行信息分类组织的网站。

目前，大众分类法在图书馆领域的应用有：第一，图书馆采购部门分发的采购目录清单，可以使用大众分类法灵活组织资源目录；第二，将大众分类法融入 OPAC、图书馆宣传和指导、图书馆资源建设中。

使用大众分类法可以构建用户、资源和标签的三元组关系。经过展开，可以展现两类关联：第一，标签与资源、用户与标签、用户与资源等三种显性关联；第二，用户与用户、标签与标签、资源与资源等三种潜性关联。

大众分类法天然形成，既是故意雕琢又是自我陶醉。传统的情报检索语言，表达信息内容，表达用户需求，两种表达均集中由情报专家代为完成。大众分类法同样可实现上述两种表达，却把表达的主体分散开来，作者和用户都可以表达，作者可以表达信息内容，用户除了表达用户需求之外也可以表达信息内容，信息系统除了实现原来情报专家的静态工作方式，还可以实现动态地跟踪最新情况，表现出大众分类法适应网络动态信息标引的优越性。

大众分类法与本体研究、受控词表、后控词表是互补的，是相辅相成的。比如，使用大众分类法的思路和做法建设本体，可以改变目前本体专家参与多，而本体用户参与较少的局面。

体系分类法，给学术资源分类，主要用于图书馆；大众分类法，给社会信息分类，主要用于互联网。两者分别有自己的适用领域。体系分类法是反大众分类法的，大众分类法也是反体系分类法的，这是正常的事情。大众分类法有它的适用领域，离开这个领域，把大众分类法硬搬到传统分类法适用的领域，从方法论上讲，是错误的，即过度解读大众分类法了。总体而言，大众分类法并没有更新信息组织和信息检索的基本方法和基本原理，但是，在信息组织和信息检索中，强化了用户参与，解决了用户沉默的问题，在这一点上，它意义非凡。

7.11　分类检索系统

不要被当今凭借计算机和网络技术手段开发出来的搜索引擎等类型的检索系统所蒙蔽。分类法不仅能用于信息组织，更能用于信息检索。对于非商业服务、精选信息、学术用户而言，分类法检索是占据重要地位的检索方法。把以分类法为主导的检索系统建立起来，才代表检索系统最实用的和最合理化的状态。

7.12　自动分类

如果说在分类和分类法中有一个与信息技术结合得比较紧密的领域，那么这个领域就是自动分类。自动分类通过机器把信息资源归并到人工设置的类目体系之中，实在像削足适履，使得自动分类的理论意义很大，但实际意义很小、实际应用很弱。相反，与自动分类有一定相似性的聚类分析很受信息处理领域的重视，聚类分析可实现聚类活动的全程自动化，通过程序自动对网络信息资源进行组织。

自动分类是自动标引的分支和组成部分。自动分类并不是指机器自动聚类分析，而是指采用自动和半自动的方法，使文献信息形成《中图法》的类号，或者形成其他的获得认可的分类类号。

机器学习方法的自动分类目前都采用单层分类，即类别间是孤立的，相互之间没有必然联系，分类类目大多是浅层次的粗略分类。而类似《中图法》或者《杜威法》等传统文献分类法包含几万个类目，类目之间具有很深的层级结构和很强的关联关系。机器学习方法的自动分类容易造成相互干扰，无力处理如此复杂的类目。所以，很多自动分类研究都要做扁平、压缩、离散传统类目体系的简化工作，来实现所谓自动分类。显然，机器学习方法的自动分类，还无力承担分类粒度小、类目数量庞大的多层分类。

一种观点认为，采用机器学习的方法分别为《中图法》的几万个类目设置训练集，必然使得训练的特征维数过大，难以实现。于是，自动分类另辟蹊径，在海量文献人工标引的数据基础上，采用互信息法（mutual information）、卡方检验法（chi-square test）、最大似然估计法（maximum likelihood estimate method）等概率与数理统计方法计量分析关键词与《中图法》分类号的关联关系，构建文献自动分类的关键词-分类号关联词表。《中图法》主要为图书分类，但是这些研究，有的采用国内外学术论文作为样本特征集的基础数据来源，有的服务于上海图书馆《全国报刊索引》的自动分类工作，均不属于使用《中图法》为图书自动分类研究的典型范畴。

本体为自动分类研究提供新路径，这种做法不去做削足适履的消减或者分拆分类法的工作，而是采用把原始信息转换为本体的方式，实现机器可理解。这是针对图书的，保留完整《中图法》分类法的，属于《中图法》自动分类研究的典型范畴。

一般认为，为了提高准确性和可行性，必须针对特定类型的文献，具体研究该特定类型文献的自动分类问题。但是，另一种观点恰恰相反，认为把网页、期刊论文、图书等类型的资源统一起来设计自动分类系统，反而更加准确。这要引起自动分类领域研究的高度注意。

自动分类从本质上讲，不是一个自动化技术的问题，自动分类的本质还是以词汇为核心的匹配、转换问题，也就是分类法和主题法的科学性、实用性问题。要把分类法类目设定得科学、实用，把与分类法兼容的主题法建设得科学、实用。比如，找到能够代表各个不同学科核心特征的10万、20万或者几十万个主题词，将这些主题词正确地"撒到"《中图法》的几万个类目中。使用如此高效的核心特征词去匹配原始文献，就能把原始文献"带到"准确的类目体系中来。当然，这种操作需要精心准备，需要设定许许多多理论性和经验性的参数，进而通过机器和程序把自动分类的工作落到实处。

本来，《中图法》是图书馆的图书分类法，面向图书这个文献基本单元，对于其他类型的文献，比如期刊，专门制定分类法，甚至对特定的资源，比如军事等，也专门制定分类法。类目层级最深入的可以到七级八级，但不以把分类号弄到最深入为目的，而以资源的涉及范围为衡量依据。如果被分类的资源粗，则分入上级类目；如果被分类的资源细，则分入下级类目。一本百科全书，其分类号就是Z2，硬要给百科全书赋予细号（细标引），将由主题法等其他情报检索语言实现。

然而，自动分类认为，一切资源都应该赋予最细小的类号，需要跳出图书馆面向资源排架的功能。如此自动分类，无须先诋毁《中图法》自身及《中图法》的工作，相反，自动分类法恰恰模拟了《中图法》的逻辑思路，仅仅依赖程序自动完成细粒度分类而已。

结合 NLPIR 分词系统与 Skim-gram 词向量模型提取文献的特征向量矩阵，

结合卷积神经网络对文献归属的《中图法》分类号进行预测，有效提升文献分类精度，为实现智能图书分类提供了新的思路。这种自动分类的做法，大大提高了分类的精确性和自动化程度，实用性强，值得尝试。

7.13 分类法从人工语言向机器语言的转变

作为情报检索语言的分类法，从自然语言演变到人工语言，是一步重要的跨越。为了让机器理解和处理分类法，今天，面临着另一步重要的跨越——从人工语言的分类法到机器语言的分类法。使用 XML、SKOS、RDFS、OWL 和 Metadata 等工具，把传统信息环境下的分类法及其被分类法组织的信息资源移植到电脑和互联网上，这样的电脑和互联网才具意义。

我国编制了包含纯 SKOS 版、CNKOS（China network knowledge organization system）扩展版、高受控 KOS 版及 OWL（web ontology language）应用规范四个部分的中文知识组织系统形式化语义描述标准体系，设计了分类法共享服务（CLSS）原型系统。

《美国国会主题词表》和《杜威法》已经采用 SKOS 格式编码，但是《中图法》的知识组织系统（KOS）改造工作尚未完成。然而，仅有形式化语义描述标准这些东西，是不够的。类目及类目关系仅仅是分类法的一个开始，分类法是具有强大规范能力和强大行动能力的"法"，几万个类目，实际能执行的可能是数千万个指令。所以，我们探讨对分类法进行 SKOS 编码格式转化的时候，千万不要简单化，要把这项工作当成比以往百年分类法实践累计的工作量还要大的工作来干。

把分类法转化为机器可理解、可处理的东西，用 OWL 语言作为分类本体的建模语言，是对分类法进行本体描述的另一种方法。

7.14 一体化兼容

一体化兼容也称映射、互操作。一体化兼容包括单纯信息组织工具之间、信息组织工具连带信息资源之间的映射。

古代中国一体化兼容的一个样例：唐代《艺文类聚》的目录体系共有四层，第一层、第二层、第四层为分类目录，第三层为主题目录，这是分类与主题相结合的目录体系。

现代美国一体化兼容的一个样例：1986年美国国家医学图书馆（NLM）开始实施研制项目UMLS（unified medical language system，一体化医学语言系统），最新的2011AB版UMLS中，收录了来源于160部词表能表达200多万个概念的700多万个概念名称，语义网络包括135种语义类型和54种语义关系。UMLS通过字、词、术语、概念、语义、语用的一体化，对概念和词汇进行了不同层次、不同角度的融合。把上面的数据粗算一下，能得到这样的比例关系：29个概念、100个概念名称、0.0019种语义类型、0.00077种语义关系。这个工作的方向、思路，是非常值得借鉴和学习的。

一定要把专指度和先组度不同的分类法做到完全映射，这种一体化兼容的思路是错误的。一体化兼容的目的是用户检索，不是把两部分类法合二为一。分类法的自动映射方法，要针对标引和检索结果，分类法映射模型都是服务于检索的实用目的的。只需要把分类法的组成要素对应好，帮助分类检索用户拓展检索范围，便达到了分类法一体化兼容的目的。

分类法的映射，对于建设国家词库、提高各种信息组织工具的编制水平，具有一定的理论意义。但是，分类法的映射问题，理论意义大于实践意义。

使用不同分类法标引的数据库可实现跨库检索，促使分类法映射兼容，由于类名词从自然语言受控得出，于是，分类法映射问题逐渐演变为自然语言处理问题。

众包模式为一体化兼容提供了新思路。发动网络大众，凭兴趣和爱好，利用用户认知和群体智慧，辅助计算机完成映射任务，可提高映射的准确率、参与度和覆盖率。

7.15 《中国图书馆分类法》新版类目修订

分类法能够历经百年而仍然被信息管理机构所器重，就是因为它自身能够与时俱进，不断与变化的科学学术、变化的用户需求相适应，历久弥新。《中图法》已经进入新的修订周期，修订活动已经提上日程，包括22个基本大类逐一修订研究及整个分类法整体结构修订研究，如何引入用户因素帮助修订，如何借用新的信息技术和网络内容分析技术帮助建立更科学实用的分类法，都是研究的热点问题。

依据立类、列类的原则，《中图法》在历次修订中都强调加强分类法的科学性，加强文献排架功能，加强分类法的检索功能。因此，具体类目的修订建议往往从学术分类的角度、从类目的文献保证情况分析的角度及从用户使用情况调研的角度展开，类目修订建议合并、删除过时的类目，补充新学科类目。

类目修订会改变分类目录与分类排架的连续性，但又必须保证同一主题的图书仍能保持相对集中。

分类法要适应新的信息内容和新应用，修订周期就不宜过久。《中图法》新版必须考虑网络技术应用和检索系统应用，减少缺乏文献保障的纯学术分类，适当考虑非学科性、非学术性的实务性主题类目的设置问题，适宜建立通俗且容纳性强的类目。修订方式包括就事论事的针对性修订和按某一规则对整个类表的系统性修订。

根据 DDC、LCC、UDC 分类法修订的经验，应该成立专门的责、权、利一体的修订机构，形成有效的修订管理机制。编辑小组负责日常修订，咨询机构负责宏观方面的建设。DDC 和 UDC 均有经过更新的新版本，甚至每周、每月都能发布一个网络版的新分类法版本。DDC 的修订方式包括常规修订、广泛修订和彻底修订。

指出 Web Dewey 实际就是类似于《中国分类主题词表》的分类号与主题词的映射表，说明这种方式是拓展分类法接近标引实践接近具体知识管理的有效手段，也是修订分类法的重要途径。国外分类法利用 Web 2.0 互动反馈的特点，积极吸收更广大用户的意见反馈，最大限度地做到修订工作接近用户。国外三大分类法之间互动很好，我国《中图法》、《新闻法》、《广电法》和《档案法》等分类法也需要加强这方面的合作。DDC 利用 "Word Smith Project" 从原始文本中自动识别和抽取新词，进行 DDC 的类目映射。"概念空间" 的方法认为语词在文献中会有共同出现的情况，如果两词同现的频率超出了人们期望它们随机同现的频率，那么它们被认为是相关的，称为相关词。发现相关词以后，就可以补充分类法的类目对应词汇。这种研究提供了修订分类法的新途径和新方法。

7.16 分类法课程建设

分类法课程立体化教学模式构建可以把理论和实践结合起来，满足分类法课程实践和理论都很重要的特征需求。

7.17　分类法展望

从《中图法》发展的角度，在继续加强《中图法》编委会等各级各类专家的总体协调和最后把关的基础上，建设强有力的二级专业机构及分学科文献中心，让那些真实深入接触大量新鲜文献的机构和专家，承担维护分类法和分类法质量建设的主体责任，获得修订分类法的更大的发言权。

从分类法基本原理的角度，分类法与主题法不同。首先，分类法的生命力在于找到还不知道名字的事物。其次，分类法的优越性在于学术分类，"辨章学术、考镜源流"进而鸟瞰全貌。最后，作为一种重要的摸得着看得见的逻辑框架，分类法的现实性在于它不仅能够组织文献资源，而且能够有效地组织各种其他事物。

从分类法的生命力、优越性和现实性着手，应该让我国的分类法研究更深入、应用更广泛。

7.18　分类法在测量知识中的应用

一般认为，近现代的科学成就超过以往人类历史上所有科学成就的总和，知识如洪水般迅速增长，发生了知识爆炸。那么，知识有没有增长到如此恐怖的程度呢？

持知识洪水般增长、知识爆炸观点的人，一定是选取文献量作为测量知识的指标单位，以为文献多，知识量必然也多。近百年来，文献数量确实爆炸般增长。1962年，科技史专家普赖斯在专著《巴比伦以来的科学》中指出，科技期刊自1665年问世以来迅猛增长。他统计出1750年科技期刊数大约为10种，1800年大约为100种，到了1850年上升到大约1000种，而1900年科技期刊已大约有1万种，后来更达到10万种以上。以这种文献数量的急速增长来说明知识的增长，确实可以讲知识爆炸。

问题在于，用文献量作测量知识的指标单位并不科学。知识与文献不存在一一对应关系，不同文献形式可以记载相同的知识内容。比如一个具有创新性的知识，首先以手稿的文献形式出现；又可以提交科学讨论会以论文集形式出版；这个会议往往有预印本文献；大会结束，还可以将该论文投稿到杂志社发表；若是某机构资助项目，还能以研究报告形式、专利文献形式发表；假如这个新知识经受得住时间检验，过几年还会被专著形式文献采纳进来；更可能就此发表评论性文章，翻译成其他语言文字的文献，写成科普读物，制作成录音、录像或电子出版物等。一个知识内容能够遍游以上十几种文献形式，除了一种反映的是新知识外，其余的都是重复的，不论出版量多么大都不会增加社会的知识量。另外，文献量的增长，也与经济发展、印刷出版业的发达状况及科学教育文化的普及程度有关。所以，用文献量作测量知识的指标单位不正确，不能由文献量的爆炸般增长得出知识爆炸的结论。

历史上的知识有没有发生爆炸，图书馆学中的分类法可以帮助测量。汉代刘向、刘歆的《七略》将知识分为7大类38小类，清代《四库全书总目》的最细小类目数为72个，现代《中图法》约为4万个小类。分类法的本质特征是最恰当地统领文献，汉代《七略》的38小类与现代《中图法》的4万小类对当时知识所起的作用和取得的效果一样，都要最恰当地组织文献。这个分类体系以文献所含内容为依据，用于"辨章学术，考镜源流"，并从学科知识的属从、并列关系角度统领和组织文献。上面列举的一个知识内容遍游十几种文献形式的类似情况不会在分类法中出现，分类法只依据这个知识内容的学科属性给出一个类目位置，而不会列出与十几种文献形式相匹配的类目。不同时期分类法又是对不同时期知识经过人类思维概括力的浓缩而形成的类目体系，根据体质进化观点，人类自进入文明时代后，体力、脑力的变化极小，即尽管现代社会外部物质世界日益繁盛，但现代人与古代人的思维概括力几乎完全一样，是近似的恒值。所以，不同时代分类法类目体系的差异可准确反映不同时代知识总量的差异。这样，由《七略》38小类、《四库全书总目》72小类和《中图法》约4万小类的比例关系可得到汉代知识总量、清代知识总量、现代知识总量的近似比例为1：2：1000。从汉代到现代2000多年知识总量扩大1000倍，每年增长不到1倍，故不能说知识爆炸。

从较长历史时期角度宏观测量知识的增长，在总体知识跨时期增长规律的综合测量方面，分类法能够发挥自己的独特作用。进而，在定量而又科学地测定各学科知识量，服务于学科地位的排定方面，分类法也可以发挥自己的独特作用。

8 人工智能和信息组织

本章从不同角度讨论信息组织与检索等图书情报工作人工智能化发展趋势的若干问题，探讨人工智能如何影响信息组织和信息检索的问题。

8.1 人工智能的实践影响

8.1.1 强化特定的数学和计算机技术能力

图书馆学情报学专业，具有打牢数学原理和计算机技能的传统。数学和计算机技术拥有庞大的谱系和内涵，可以选择特定相关的领域，重点加强与人工智能相关性高的部分。

微积分、概率论和矩阵运算是学习人工智能的数学基础。在人工智能的核心原理与算法方面，包括搜索、机器学习、线性回归、决策树、集成学习、神经网络、计算机视觉、自然语言处理及强化学习，是与人工智能最相关的计算机技术。为了增强信息组织工作在人工智能时代的能力，信息组织和信息管理领域，同样要按照人工智能的数学基础、计算机程序及计算机算法方面的特征，强化自身的相关学科素养和能力建设。

8.1.2 图书情报领域的人工智能战略安排

人工智能的工作方式分为三类：监督式学习、无监督式学习和生成式学习。监督式学习，给定训练数据集，给定输入结果，设定输出目标，通过输入找到人为需要的输出结果，先训练好模式，然后让人工智能到大数据集中寻找目标结果。监督式学习有点像儿童和少年的学习。无监督式学习，可以识别出人类可能因为模式间的微妙差别、数据规模过大或两者兼有而错过的信息，在训练时候没有明确规定"适当"的结果，将产生可能让人惊讶的意外收获或者让人觉得荒谬的毫无意义的结果。无监督式学习有点像青年的学习。生成式学习，通过生成式神经网络，模仿人类智慧，实现创新和创造。生成式学习有点像成年人的学习。

人工智能是如同龙卷风一般吸纳一切信息，席卷整个图书情报信息资源，并如洪水一般淹没图书情报行业传统的信息采集、编目、组织、分析、检索、咨询、保存、流通等工作环节吗？不是的，自人工智能诞生以来，没有任何一个行业和专业因之消失，人工智能是工具、是帮手，不是吞噬一切的怪兽，传统行业和专业因人工智能而得到加强，而不是消失和融化在人工智能里。

那么，落实到图书情报领域，如何应用人工智能？坚持哪条道路？应该以现有工作流程和工作分工为依据，让不同的部门和功能使用监督式人工智能，训练本部门和本功能的人工智能模式，然后让人工智能辅助工作乃至独当一面地工作，相当于让无监督式学习的人工智能在图书情报工作中发挥作用。同时，在图书馆及情报档案工作上，在集成系统的层次上，让生成式人工智能发挥更大的作用，衔接各个部门的监督式人工智能和无监督式人工智能，实现创新创造及用户交互等。

这是图书情报领域，从战略安排方面，如何来应用和利用人工智能。

8.1.3 人工智能时代的图书情报机构设置

人工智能领域，计算机是基本组成要素，计算机需要具备下列能力：
· 视觉和语音识别功能，以感知世界；
· 机器人学，以操纵对象并行动；
· 自然语言处理，使用人类语言成功地交流；
· 知识表示，存储它所知道或听到的内容；
· 自动推理，回答问题并得出新的结论；
· 机器学习，适应新的环境，并检测和推断模式。

未来，如果将图书情报机构纳入人工智能大系统之中，把图书情报工作融入人工智能里，根据人工智能时代计算机的能力需求，就可以设计并展望未来图书情报机构的功能和类型，即未来图书情报机构也必然划分为上述六大领域。具体而言，图书情报机构需要具备下列能力：

· 读者用户身份自动识别认定，自动识别读者在馆内行动轨迹、阅读利用信息的内容特征，感知读者意图和想法；
· 自动化智能化物品搬移系统，便利地将实物文献等信息设施转移、搬移和有序整理及还原等；

·能够系统记录、整理、存储、分析、加工图书情报机构内用户、信息文献、知识内容、馆员情况、机构的内外交互信息；

·根据图书情报系统的知识系统和知识能力，寻找合适答案，推理新的结论，满足用户需求；

·持续加工整理图书情报机构内外的各种信息，积极引入符合自己功能定位需求的信息和知识，为提供更好的服务奠定基础。

在人工智能时代保留图书情报机构独立性的情况下，实现与人工智能系统的协同协作，图书情报机构必然重置功能，以便具备上述能力。

8.1.4 人工智能时代的分类法发展

人工智能分为两类：特定人工智能和通用人工智能。一类以药物筛选或者下棋等执行特定任务为主，另一类如生成预训练转换器（GPT）智能模型，可以对一切提示、提问作出反应。

信息组织和信息检索，应该以哪种类型为主，还是两种类型并重？这是人工智能在信息组织和信息检索领域应用的方向性问题。信息和知识按领域分门别类，各不相同，但知识又是一个统一的整体，没有绝对的界限，这就要求，信息组织和信息检索在应用人工智能时，应该两者兼具。

首先，以面向具体学科专业为重点，以学科分类为工作大纲，一个一个学科、一个一个专业地针对特定学科的特点，建设该领域的人工智能信息组织和信息检索模型，满足特定领域的特定需求。其次，当一个又一个具体领域的人工智能达到一定规模和深度时，就要积极建设通用型的建立一切知识门类联系的人工智能模型，打破不同领域的界限，从综合的、整体的和系统的角度完成信息整合，形成综合型的整体性的信息组织和信息检索能力。

分类法是非人工智能时代的重要信息组织方法。在人工智能时代，在人工智能积极渗入信息组织和信息检索的时代，分类法依然重要，分类法逐级展开的逻辑体系和知识体系，依然是人工智能时代部署和指挥机器工作的重要根据。

在人工智能时代，分类法是否保留非人工智能时代的原样呢？不一定。机器有自己的智慧，机器有自己的道路。在人工智能下棋程序那里，给定了规则和胜利的标志，然后这个程序在自我执行的时候，由于没有人类的习惯束缚，甚至可以不要皇后，而不要皇后对于任何一个棋手而言，都是从来没有想过的。再比如，人工智能筛选药物方面，以前只知道原子量和化学键两个筛选途径，人工智能却独辟蹊径，使用分子结构筛选药物，而这一点人类从来没有做过。通过这两个例子可以预测，人工智能时代的分类法一定不同于非人工智能时代的分类法，也许学科之间的从属、包含、相关、并列、矛盾等关系不同于从前人工的判断和理解，也许会诞生更适合人工智能时代的机器分类法，而这样的分类法通过人工智能的使用，能够把信息组织得更好，能够使得信息检索的结果更好。所以，应该积极探讨人工智能时代的分类法，积极总结人工智能下的分类法的变化，从而以更好的服务方式和面貌，实现人工智能时代的信息组织和信息检索。

关于人工智能时代的分类法建设，首先，分类、分类标准本身是一种逻辑、一种思路、一种现实构造模式和一种角度，这些或者来自人的思维，或者来自人对现实的反映和总结，人工智能参与人的工作和劳动以后，必然产生大量的人工智能的逻辑、思路、构造模式、角度。这些东西将汇入、混合进来，形成人工智能时代的分类法。总之，既然是人工智能时代的分类法，就让机器真正成为重要的主角，大胆地让人工智能去生成机器特征的分类法。其次，人工智能虽然由人工、由人的智慧指导做事，但是本质上不是人的亲力亲为，人工智能在某些任务中达到了人类的水平，甚至超越人类，而在其他任务中，它所犯的错误甚至连孩子都不会犯，有时产生的结果完全是荒谬的。所以，对人工智能形成的分类法结果要积极审核、认真把关，剔除那些严重背离人类智慧的人工智能结果。

8.2　人工智能的理论影响

8.2.1　人工智能与信息组织和检索的目标相同

人工智能已经超越人类的感知和理性，借助算法和算力，快速分析和学习，带来了人类仅凭感性和理性所无法获得的学习和信息处理能力，同样的学习和信息处理过程，人类需要几十年甚至几个世纪才能完成，人工智能的表现十分强大。

物质的力量可以转换为精神的力量。一个漂亮的建筑物，可以影响和改变人的意识；一个精巧的丝织品，可以影响和改变人的思想和情绪；自然的水滴和微风，让人心旷神怡；浩瀚的光辉巨著，让人心灵飞升；光怪陆离的大众媒体，让人心驰神往……人工智能，既是精神的力量，也是物质的力量。

　　未来，人工智能逐渐趋同人类社会集体达到的最高智慧，可以揭示现实的所有方方面面。人工智能是物质的，更是精神的。人类如果使用人工智能增强自身技能，或者把人工智能当作拥有理想追求的个人和集体，通过人工智能提高与外界的交互水平，那么一定会在科学、医学、军事、政治、经济、文化和社会等一切领域取得令以往黯然失色的骄人成就。

　　一个人到信息组织和信息检索系统检索信息，就是要接受其他人的观点和结论，就是要对自己的知识和信仰进行变革，如同洗衣机帮助双手洗衣服、汽车帮助双脚走路，人工智能帮助人类的大脑，更有效率更加全面地吸收和领悟知识并创新知识。从这个意义上说，图书情报行业的信息组织和信息检索与人工智能致力实现的目标是一致的。

8.2.2　信息组织在人工智能时代的重点目标

　　人工智能要与人沟通和打交道，人类思想的模糊性和概念性是人工智能发展之路上的顽固障碍，是人工智能难以企及的地方。那么，在人工智能时代，信息组织，一方面，要在解除模糊上及明晰概念上快马加鞭，表现迥异。让语义含义更明确，让概念表达更准确，这本来就是信息组织的核心目标，在人工智能条件下，这个功能将进一步强化。另一方面，要在通过输入大量的模糊性信息逐渐统计形成相对稳定精确的概念性信息方面不懈努力，实现更好的人工智能与人的沟通，实现等同人类智能乃至超越人类智能的目标。

8.2.3　让信息组织和信息检索更有机地融入脑力劳动

　　人工智能是推动第四次工业革命的主要动力，第四次工业革命的目标是让机器取代人类的绝大多数脑力劳动，把人类带入人工智能的时代。以信息组织和信息检索为核心的图书情报工作，属于人类的脑力劳动范畴，必将是人工智能发挥作用的巨大舞台。人工智能加持的系统可以称为智能体，智能体可以将外在的信息融入自己的知识库，可以利用自己知识库里的信息推理出新的信息，释放到智能体的外部，还可以利用知识库里的信息去针对外界刺激作出相应的反应。信息组织和信息检索的人工智能化必将深入拓展，改变过去信息组织和信息检索的基本形态，更加高效和方便地把信息组织和信息检索活动融入人类的脑力劳动之中，使得信息组织和信息检索再也不是游离和远离人类脑力劳动的对象，相反，成为人类脑力劳动的有机组成部分。

8.2.4 九类人工智能如何应用于图书情报工作

人工智能分为通用型人工智能（GAI）和专业型人工智能。所谓通用型人工智能，琴棋书画、写诗著文、与人会话，上知天文、下知地理，表现了无所不能的特征，诸如美国人工智能实验室 OpenAI 开发的聊天机器人 ChatGPT 和中国著名的综合型新技术公司百度开发的聊天机器人文心一言。其实，所谓通用型人工智能，就是比较容易和人交互而已，它也做不到无所不能。现实中一般而言，所有的人工智能都是专业型的工具，即下棋的人工智能不能写诗会话，战场上的人工智能不能用于企业生产。人类这么高的智商尚不能做到全知全能，要在社会分工中工作生活，怎么能期待单一类型的人工智能是全才呢？

这样，人工智能都是依据不同的算法和原理，实现不同功能的工具。具体而言，人工智能从算法和原理上可以分为如下九种类型：搜索、机器学习、线性回归、决策树模型、集成学习、神经网络、计算机视觉、自然语言处理、马尔可夫决策树过程与强化学习。不同功能的人工智能可应用于不同领域的图书情报事业中。

在图书情报事业与人工智能之间，并不是人工智能单向应用于图书情报领域，图书情报领域的应用及图书情报专业的特长和特点，尤其是信息组织和信息检索方面的专业及行业原理，也将积极反作用于人工智能领域，甚至大大反哺人工智能领域。

第一类型：搜索。人工智能所面临的许多问题都非常复杂，往往无法一步完成，而是需要通过一组动作次序地和序列地来实现目标。这个寻找实现目标的动作序列的求解过程，就称为搜索。解决搜索问题的方法称为搜索策略，其主要任务是确定选取动作的方式和顺序。现实中许多规划问题都可以描述成搜索问题，且都已得到很好的解决。顾名思义，搜索型人工智能理所当然可以用于信息检索和信息组织工作环节。除此之外，图书馆工作中的查重、剔除、数据库评估、信息评价和用户分类服务，均可使用该类型的人工智能产品。

第二类型：机器学习。其基本想法是利用数据进行学习，而不是人工定义一些概念或结构。机器学习分为监督学习、半监督学习和无监督学习。正确地区分不同类别的数据集，是理解监督学习的关键。机器学习功能的人工智能更适合做信息咨询、信息服务、智慧伴侣、虚拟馆员和伴生学习等工作。

第三类型：线性回归。监督式机器学习中最基础的是线性模型。线性模型虽然简单，但是应用广泛，因为它具有很强的可解释性及较稳定的泛化表现。

例如，在经济学与其他社会科学领域，线性模型仍然是最为常用的模型。人们可以用线性模型来分析资本存量、人均受教育程度等与经济增长的关系，或者根据市场信息预测价格变动。线性回归型人工智能可以应用于图书馆工作环节中的业务分析、对外关系、经费使用、服务人数确定和业务效果评估等。

第四类型：决策树模型。决策树模型是机器学习的模型之一，相对比较简单，一般只适用于简单的场景。比如"邮件分类规则"，首先判断是否来自陌生地址，如果是，则判定为垃圾邮件；如果不是，则二次判断，检查邮件里面是否包含"转账"等字眼儿。如果没有，则判定为正常邮件；如果有，则断定为垃圾邮件。决策树模型虽然简单，却是很多复杂的机器模型的基础。决策树模型可以应用于图书馆藏书剔旧、信息治理、用户满意度调查和工作服务质量监测等环节。

第五类型：集成学习。训练多个简单模型，并将它们的预测结果集成起来得到最终的预测结果，就是集成学习。"三个臭皮匠，顶个诸葛亮"。如果将单个简单模型看成一个专家，那么集成学习可以理解为由许多专家组成的智囊团。集成学习型人工智能，可以用于图书馆新书推荐、智慧伴侣、生涯咨询、论文选题和智慧图书馆建设等需要集成多方智慧的工作内容。

第六类型：神经网络。线性回归和线性分类算法的线性函数只能表示线性关系，无法处理更加复杂的输入和输出之间的非线性关系。为了解决这个问题，人们采用了神经网络，它可以用来表示非常复杂的函数。人的大脑是自然界最复杂的神经网络，人工智能动辄使用百万、千万、百亿、千亿级别的参数，起到模拟人的大脑、人的神经的作用。神经网络的应用十分广泛，例如，可以用来做人脸识别、下围棋、机器翻译、自动驾驶等。无论是现在还是未来，人们会用它做越来越多的事情，它也能做越来越多的事情。图书情报领域可以在智慧书库、采购决策、建筑设计规划和数据训练等方面使用。

第七类型：计算机视觉。对于人类而言，视觉及视觉能力的形成和使用，仿佛是天然和天生的。但对于机器而言，这样的任务难以完成。计算机视觉是研究如何让计算机理解图像与视频中高层次语义信息的学科。具体来讲，计算机视觉从现实世界的图像信息中提取数字式或符号式的信息。例如，用自然语言表达图像中包含什么样的物体，或是从视频信息中输出自动驾驶的决策。计算机视觉型的人工智能可以广泛应用于图书情报事业中的图像检索、视频语义标注、多媒体与文本统一集成的信息组织和检索服务等。

第八类型：自然语言处理。如果说人工智能是大海，那么以OpenAI公司开发的 ChatGPT 和百度公司开发的文心一言为代表，则是大海中的一滴水，是人工智能的一个产品。ChatGPT 和文心一言，在文字理解方面，惊艳世人，在吃透文字、建模语言、理解自然语言和输出自然语言方面，技压群芳。信息组织和信息检索工作主要处理语言信息和文字信息，机器取代人工，实施有效处理，是人工智能发展的一个重要里程碑，非常有助于知识表达和信息交互问题的有效解决。

第九类型：马尔可夫决策树过程与强化学习。2017 年，谷歌公司推出基于强化学习的 AlphaGo Zero，参加国际象棋和围棋比赛，屡胜人类。强化学习在复杂系统控制与优化，包括机器人、自动驾驶、计算机游戏、推荐系统、金融科技、计算与通信系统优化和交通调度等领域，应用效果良好。强化学习主要面向具体的重大的任务，图书情报领域以平静和平淡风格为主，马尔可夫决策树过程与强化学习型人工智能的应用不会太广泛，也许可以在竞争情报类领域、重大综合科研攻关咨询领域发挥作用。

8.2.5 人工智能时代对信息组织与检索领域知识表示的新探索

在非人工智能时代，面对学术生产活动和出版生产活动的知识，信息组织和信息检索行业发展出自己的带有专业特色的知识表示、知识处理和知识加工方法。比如，"单车"和"自行车"是同义词，归并同义词，可以提高检全率；"杜鹃"既指花又指鸟，限定词义，可以提高检准率；等等。图书情报行业借此发展出分类法和主题词表，以及后来的分类主题一体化词表工具和元数据工具等，用于知识的替代，实现用少指代多，建立信息组织和信息检索的替代品与信息原文的一一对应关系。在人工智能时代，传统的信息组织和信息检索成果继续具有意义。此外，以语义网和知识图谱为核心，以人工智能时代的知识表示和知识推理不断拓展及机器学习不断深化为方向，借助知识表示这个重要的介质和重要的突破口，积极构建人工智能时代的信息组织和信息检索新天地，图书情报事业将一如既往地探索机器从事信息组织和信息检索的优点与难点、优势与不足。在人工智能时代，信息组织和信息检索依然具有重大和众多的研究领域和研究问题。

8.3 未来趋势

8.3.1 在人工智能的盲区深化信息组织和信息检索的研究

人工智能还不能做什么？跨领域推理、抽象能力、知其然也知其所以然、常识、自我意识、审美、情感等领域，是目前的人工智能还无能为力的领域。信息组织与检索等图书情报工作在这些领域，可以大有作为。比如，分类法的通用复分表、专类复分表及类目间的仿分和复分，属于跨领域推理，由此及彼，由古至今，以时间、地点、文献类型通分信息，也是跨领域推理的做法，未来仍需大力弘扬。至于抽象能力，用概括的上位概念表达众多的下位概念，显示信息组织工具的强大抽象能力，这一部分也需要广泛发挥信息组织工作人员和信息检索用户的能动性和创造性，形成从概括到具体的连续语义网络表达链条，给读者和用户提供内容系统、逻辑完整的信息。对于"知其然也知其所以然"的问题，无论是文献形式特征的描述还是内容特征的描述，都遵循一一对应原则，标引结果和信息实体对应。至于在常识、自我意识、审美和情感等领域，图书情报机构以雄伟壮丽的图书馆大楼为工作环境，展示和提供古今中外浩瀚的各类信息资源，产生真实的读者用户行为，人类正常且复杂的自我意识及审美情感，一直是随着这些自然实物和真实人群而共鸣迸发的。

8.3.2 人工智能的未来：外延型 AI 与内涵型 AI——图书情报行业的冰与火

人工智能的未来发展有两大趋势：一是继续向外扩展人类的外延；二是努力向内丰富人类的内涵。前者称为外延型 AI，后者称为内涵型 AI。

所谓外延型 AI，就是将机器视为人体的外延，让这个外延（机器）的"智能"越来越高，让机器做起事来越来越趋同真人，不但能下棋，还能开车，更能聊天，总之能代替人类从事许多复杂的智力劳动，开创从智力和智慧的角度人类越来越依赖人工智能的局面。

历史上，除医学等极少学科外，几乎所有的科技创新活动都在努力向外扩展外延。比如，用石头代替拳头，以便砸碎坚果，即石头变成拳头的一种外延；用汽车代替双腿，行进更快，即汽车变成双腿的外延……与之类似，外延型AI将人类从繁重的智力劳动中解放出来，让机器参与人类智力活动并掌控人类智慧生活，机器变成了人类大脑的外延。这种机器的人工智能状态，称为外延型AI。

以信息组织和检索为核心的图书情报行业，处理知识与信息，是人类大脑的外延。积极探索信息组织和信息检索的人工智能化，就是在积极建设外延型AI。

与外延型AI的方向相反，内涵型AI借助现有的机器智能提高人类自身的整体智能。外延型AI是在外求，而内涵型AI是在内求。

2023年10月27日《天津日报》报道，新一代脑机接口专用采集国产芯片在天津研发成功，为我国相关产业发展提供储备及关键技术支撑。如今，在神经生物学、脑科学、微电子学和虚拟现实等领域的加持下，脑机接口技术将精准而全面地检测、提取、产生、复制和输入相关神经元的电脉冲，激活或重组某些神经回路，采取种种办法，只要将一个人的神经系统塑造成天才的神经系统，那这个人就成了天才。

内涵型AI理想的终极目标也许是：一旦人类中出现了一个牛顿，那么几乎所有人都能在一夜之间成为牛顿；于是，在这众多牛顿的共同努力下，没准只需数十年或更短的时间，而非过去的200多年，就又能出现一个爱因斯坦；接着，几乎所有人都能在一夜之间成为爱因斯坦。总之，按此方式迅速滚雪球一样地演进，人类智慧将一骑绝尘。

图书情报行业主要处理文献资料信息。科学家和各级各类主要以脑力劳动为代表的普通大众，要想传播自己的发现、发明和创造，必须用文字等方式记录下前因后果和结论的整个过程，别人在读到这些资料之后，经过学习和吸收理解，才能转换为自己大脑里的记忆、知识、经验，达到把知识从别人头脑中搬运转换到自己头脑中的目的。

未来的内涵型AI，通过脑机接口，不需要阅读文献这个中间过程，不需要转换和学习的环节，大脑之间直接搬移知识、技能、经验、发明、创造等。那么，以针对信息资料的信息组织和信息检索为重心的图书情报工作将失掉意义，以针对用户识别的信息组织和信息检索为重心的图书情报工作将继续有效。

美国的兰开斯特曾经预言无纸化的社会，结果与事实相反，电子化、网络化时代，纸质出版和纸张消耗只增不减。所以，不要轻易预言未来内涵型人工智能将让信息组织和信息检索消失。

人类的天然智能让婴儿在出生后的几小时内就能识别出母亲的脸，很小的孩子就可以完成穿过拥挤的房间或叠衣服等复杂动作。真实而自然的人类智能应该是非理性的、情绪化的、附带象征性的，它可以只根据很少的证据而跳跃得出结论。脑机接口如何建设内涵型 AI，如何复制、交流、传播非理性的、情绪化的、非确定的符号，必将任重道远，我们可以拭目以待。

参考文献

[1] 武汉大学、北京大学《目录学概论》编写组. 目录学概论[M]. 北京:中华书局,1982.

[2] 朱天俊,李国新. 中文工具书教程[M]. 北京:北京大学出版社,1991.

[3] 陈志新. 图情档融合发展背景下信息组织的新趋向研究[J]. 图书馆,2021(7):31-38.

[4] SALTON G. Automatic text processing[M]. Salton: Addison-Wesley Pub.co., 1989.

[5] 陈志新,李晓娟. 标引语言和标引方法基础教程[M]. 北京:北京师范大学出版社,2010.

[6] 刘涵. 从社交策展看信息组织的新形式[J]. 科技文献信息管理,2017(2):23-24.

[7] JOUDREY D N,TAYLOR A G,WISSER K M. The organization of information[M]. 4th ed. Santa Barbara:Libraries Unlimited,2018.

[8] GLUSHKO R J. The discipline of organizing[M]. 4th ed. Sebastopol: O'Reilly Media,2016.

[9] 赵一鸣,马费成. 大数据环境对信息组织的影响[J]. 图书情报知识,2017(1):4-10.

[10] 戎军涛. 用户认知导向的动态信息检索模型构建[J]. 图书馆,2022(1):69-76.

[11] 李明理. "程焕文之问"的数据库垄断观解读[J]. 图书馆论坛,2015,35(3):1-8.

[12] 葛红梅,徐晶晶,董鹏,等. PubMed数据库建设探析[J]. 数字图书馆论坛,2015(5):64-68.

[13] 化柏林,张新民. 从检索技术的实现方式看三大全文数据库的发展[J]. 图书情报工作,2007(10):13-16.

[14] 马费成.情报学的进展与深化[J].情报学报,1996,15(5):338-344.

[15] 化柏林.从IPO分析未来的搜索引擎[J].情报学报,2006,25(增刊1):351 -355.

[16] 张烨,刘利,袁曦临.WorldCat与CALIS联合目录数据库比较研究[J].新世纪图书馆,2015(8):26-30.

[17] 姜思羽.Web3.0环境下书目数据库应用研究:以WorldCat书目数据库为例[J].新世纪图书馆,2012(11):63-65.

[18] 黄如花,杨雨霖.WorldCat信息组织创新的策略[J].图书与情报,2012 (5):1-6.

[19] 胡振宁.上下求索与时俱进:深圳大学图书馆计算机管理集成系统(SUL-CMIS)发展历程回顾(1985—2015)[J].图书馆论坛,2017,37(6):36-44.

[20] 赵旭,李百川.国产图书馆自动化集成系统比较研究[J].长春大学学报, 2003(2):83-85.

[21] BREEDING M,肖铮.创新的周期:2019年图书馆系统市场报告[J].图书馆论坛,2019,39(8):1-11.

[22] 马张华,陈志新.阮冈纳赞对现代编目理论的贡献[J].图书馆论坛,1998 (2):24-26.

[23] 陈志新.试论知识的测量[J].情报杂志,1999(1):21-27.

[24] 陈志新.中美两国主题词表对应转换的分析[J].情报杂志,2003(9):28- 29.

[25] 陈志新.我国2006—2008年分类法研究综述[J].当代图书馆,2009(2): 41-45.

[26] 陈志新.分类法研究的十五个问题:我国2009至2016年分类法研究综述 [J].情报科学,2018,36(6):149-155.

[27] 陈志新.《中国图书馆分类法》第五版修订建议归类分析[J].图书馆研究与工作,2018(11):55-59.

[28] 廉师友.人工智能导论[M].北京:清华大学出版社,2020.

[29] 古明地正俊,长谷佳明.图解人工智能大全[M].苏霖坤,译.北京:机械工业出版社,2021.

[30] 姚期智.人工智能[M].北京:清华大学出版社,2022.

[31] 罗素,诺维格.人工智能:现代方法[M].4版.张博雅,陈坤,田超,等译.北京:人民邮电出版社,2022.

[32] 杨义先. 人工智能未来简史:基于脑机接口的超人制造愿景[M]. 2版. 北京:电子工业出版社,2022.

[33] 卢奇,科佩克. 人工智能[M]. 北京:人民邮电出版社,2018.

[34] a15a,贾雪丽,0xAres,等. 一本书读懂AIGC:ChatGPT、AI绘画、智能文明与生产力变革[M]. 北京:电子工业出版社,2023.

[35] 罗埃布莱特. 通用人工智能:初心与未来[M]. 郭斌,译. 北京:机械工业出版社,2022.

[36] 阿加沃尔. 人工智能:原理与实践[M]. 杜博,刘友发,译. 北京:机械工业出版社,2022.

[37] 泰格马克. 生命3.0:人工智能时代生而为人的意义[M]. 王婕舒,译. 杭州:浙江教育出版社,2018.

[38] 李开复,王咏刚. 人工智能[M]. 北京:文化发展出版社,2017.

[39] 李楠,秦建军,李宇翔,等. 人工智能通识讲义[M]. 北京:机械工业出版社,2022.

[40] 腾讯研究院,中国信息通信研究院互联网法律研究中心,腾讯AI Lab,等. 人工智能:国家人工智能战略行动抓手[M]. 北京:中国人民大学出版社,2017.

[41] 斯加鲁菲. 人工智能通识课[M]. 张翰文,译. 北京:人民邮电出版社,2020.

[42] 李云红. 人工智能导论[M]. 北京:北京大学出版社,2021.

[43] 基辛格,施密特,胡滕洛赫尔. 人工智能时代与人类未来[M]. 胡利平,风君,译. 北京:中信出版社,2023.

[44] 格鲁什科. 信息组织学[M]. 王晓光,姜婷婷,徐雷,译. 武汉:武汉大学出版社,2019.

[45] 宋琳琳. 大型文献数字化项目的信息组织[M]. 北京:国家图书馆出版社,2020.

[46] 张自然. 信息组织[M]. 北京:科学出版社,2023.

[47] 史海燕,郭海玲,张鑫,等. 信息组织[M]. 北京:科学出版社,2022.

[48] 司莉. 信息组织原理与方法[M]. 武汉:武汉大学出版社,2020.

[49] 常春. 信息组织[M]. 北京:科学技术文献出版社,2019.

后　记

　　从2019年下半年到2023年上半年，诸多事项，时断时续，使得编写工作进展缓慢。

　　2023年7月，在亚马逊网站上搜索，国外信息组织方面最新的著作好像还是在本书前言里提到的那两部。针孔斗风，盛衰变换，可见一斑。同期，国内信息组织方面新作不断，本书尽量争取把各方面的认识，结合自己的实际体会，融汇到写作中来。

　　我1990年大学毕业，毕业论文是关于《中图法》第三版方面的；1990—1995年从事图书分类编目工作；1995—1998年分类法方向硕士研究生在读；1998—2016年连续讲授以分类和编目为核心的信息组织课程18年；1999—2007年在搜狐公司参与网络分类和搜索引擎工作。一生与信息组织、标引、分类、编目相伴相知，一生与信息组织、标引、分类、编目情深意切。

　　然而，信息组织难以自持，与信息环境和信息技术共生，因自己文科出身，对信息组织的伴生因素、技术因素没能跟踪跟进，留下至深缺憾。虽说生有涯知无涯，56岁之人，行将退休，职业生涯，几近尾声。重拾再编此书，只能实话实说：既是回忆，又是告慰；既是继续，又是告别。

　　书名确定为《信息组织——新编标引语言和标引方法基础教程》，旨在表明，此书与2010年我和李晓娟研究馆员编写、由北京师范大学出版社出版的《标引语言和标引方法基础教程》一书，是继承和发展的关系。

陈志新，于北京

2023年12月